EINLEITUNG

Liebe Basketball-Freunde,

Basketball ist mehr als nur ein Spiel; es ist eine universelle Sprache, die Grenzen überschreitet, Kulturen verbindet und Menschen auf einer Ebene zusammenbringt, die Worte selten erreichen.

Von den staubigen Straßenplätzen, auf denen junge Träume in den Himmel hüpfen, bis hin zu den glänzenden Hallen, in denen Legenden geboren werden, fließt die Magie des Basketballs durch die Adern unserer Geschichte.

In diesem Buch öffnen wir die Seiten einer faszinierenden Chronik, die mehr als nur Zahlen und Statistiken enthält. Hier findest du die pulsierenden Herzen hinter jedem rekordbrechenden Moment, Geschichten die uns zum Schmunzeln bringen und all jene Momente, die das Herz eines jeden Basketballfans höher schlagen lassen.

Es ist eine Sammlung von Fakten, die das Spiel beschreiben, das so viele von uns lieben und leben.

Dieses Buch, das aus der Begeisterung geschrieben wurde, aus unzähligen Stunden des Trainings und des unauslöschlichen Wunsches, das Spiel zu verstehen, das uns so viel bedeutet. Wir laden dich ein, die Leidenschaft, die Intensität und den unermüdlichen Geist des Basketballs zu erleben.

Komm mit auf eine Reise, die zeigt, wie ein einfacher Ball und ein Korb die Bühne für einige der packendsten Momente bieten können.

Viel Spaß beim Lesen!

Michael Theis &
Nicole Thiedemann

Bonus
Ab Seite 100, haben wir noch eine Überraschung für dich

Inhalt

#1 SHAQUILLE O'NEAL
zerstört das Backboard

Shaquille O'Neal, bekannt für seine beeindruckende Körpergröße und Stärke, hat während seiner NBA-Karriere mehrere Backboards zerstört. Eines der denkwürdigsten Ereignisse fand 1993 statt, als er als Rookie für die Orlando Magic spielte. Shaq machte einen kräftigen Dunk gegen die New Jersey Nets, und das gesamte Backboard kollabierte, was das Spiel für 30 Minuten verzögerte. Dieser Moment wurde zu einem ikonischen Highlight seiner Karriere und zeigte auf humorvolle Weise die pure physische Macht Shaqs.

#2 MANU GINÓBILI
schlägt eine Fledermaus

Während eines Spiels zwischen den San Antonio Spurs und den Sacramento Kings im Jahr 2009 flog plötzlich eine Fledermaus durch die Arena. Spieler und Schiedsrichter duckten sich und versuchten, dem Tier auszuweichen. Doch Manu Ginóbili, bekannt für seine schnellen Reflexe, sprang hoch und schlug die Fledermaus mit seiner Hand aus der Luft.

Die Menge jubelte, und das Spiel konnte fortgesetzt werden. Später machte Ginóbili Scherze darüber und sagte, er habe nur geholfen, das Spiel schneller wieder aufzunehmen. Dieser Moment bleibt eine der kuriosesten Anekdoten seiner Karriere.

#3 DER „BALKON-SCHUSS“ von Charles Barkley

Charles Barkley, bekannt für seine Persönlichkeit und seinen Humor, sorgte während eines Spiels der Phoenix Suns für Lacher. Barkley, der am Balkon einer Bar saß, wettete mit Fans, dass er von dort aus einen Basketball in den Korb auf der gegenüberliegenden Straßenseite werfen könne. Zu aller Überraschung traf er, und die Menge jubelte. Diese skurrile Anekdote unterstreicht Barkleys Charisma und seine Fähigkeit, das Publikum sowohl auf als auch abseits des Spielfelds zu unterhalten.

#4 DER VERSEHENTLICHE DUNK von Gus Johnson

Gus Johnson war bekannt für seine athletischen Dunks, aber einer seiner bekanntesten Korbversuche war eigentlich ein Unfall. In einem Spiel versuchte Johnson einen kräftigen

Sprungwurf, verfehlte jedoch den Ball mit den Händen. Stattdessen traf er den Ball mit dem Kopf und beförderte ihn in den Korb. Das Publikum und Johnsons Teamkollegen waren verblüfft und brachen in Gelächter aus.

#5 DENNIS RODMANS *Schuhshow*

Dennis Rodman, bekannt für seine exzentrische Persönlichkeit und seine herausragenden Defensivfähigkeiten, sorgte 1996 für einen humorvollen Moment. Während eines Spiels verlor er seinen Schuh, spielte aber unbeirrt weiter. Anstatt eine Auszeit zu nehmen, band er seinen Schuh mitten im Spiel wieder zu, während das Spiel um ihn herum weiterging. Dieser Moment zeigte Rodmans einzigartigen Charakter und seine Fähigkeit, für Unterhaltung zu sorgen, selbst in den ungewöhnlichsten Situationen.

#6 DER VERSEHENTLICHE DUNK *von Bill Walton*

Bill Walton, einer der größten Centers aller Zeiten, hatte einen weniger ruhmreichen Moment in seiner Karriere. In einem Spiel in den 1970er Jahren versuchte er einen Hakenwurf, traf aber den Rand des Korbs so unglücklich, dass der Ball hoch in die Luft flog und direkt durch den Korb fiel – ein versehentlicher Dunk! Walton und seine Teamkollegen konnten nicht anders, als zu lachen, und die Fans feierten den kuriosen Korb.

#7 NICK YOUNG *feiert zu früh*

Nick Young, auch bekannt als "Swaggy P", hatte immer einen Flair für das Dramatische. In einem NBA-Spiel im Jahr 2014 feuerte er einen Dreipunktewurf ab und drehte sich sofort um, um seinen vermeintlichen Treffer mit ausgestreckten Armen zu feiern. Das Problem? Der Wurf ging daneben. Youngs vorzeitige Feier wurde schnell zu einem viralen Internet-Phänomen und bleibt eines der lustigsten Beispiele für verfrühten Triumph im Basketball.

#8 DER TANZENDE *Schiedsrichter*

Während eines Spiels der unteren Ligen in Deutschland brachte ein Schiedsrichter das Publikum zum Lachen, als er plötzlich anfing, zu der

Musik in der Arena zu tanzen. Statt einen Regelverstoß zu pfeifen, zeigte er seine Tanzmoves mitten auf dem Spielfeld. Die Spieler waren verwirrt, stimmten aber schnell in die Heiterkeit ein und machten mit. Das Video dieses tanzenden Schiedsrichters ging viral, und er wurde für seine gute Laune und seinen Sportsgeist gefeiert.

#9 DER VERSEHENTLICHE *Korb*

In einem hitzigen Spiel warf ein Spieler aus Versehen den Ball in den eigenen Korb, während er versuchte, einen Pass zu einem Teamkollegen zu machen. Der Ball prallte unglücklich von der Rückwand ab und landete im Korb. Die Spieler, Trainer und Fans waren für einen Moment sprachlos, bevor das ganze Stadion in Gelächter ausbrach. Der Spieler nahm es mit Humor und lächelte, während die Szene auf den Videowänden wiederholt wurde.

#10 DER VERIRRTE *Hund*

In einer italienischen Basketballpartie sorgte ein unerwarteter Gast für Heiterkeit. Ein Hund lief plötzlich aufs Spielfeld und verfolgte den Ball, während Spieler und Schiedsrichter versuchten, ihn einzufangen. Das Spiel wurde unterbrochen, aber die Fans waren begeistert und applaudierten dem Vierbeiner. Nach einigen lustigen Minuten gelang es, den Hund sicher vom Feld zu bringen. Dieser Moment bleibt als eine der charmantesten Unterbrechungen in der Geschichte der Liga in Erinnerung.

#11 DER LACHENDE *Schiedsrichter*

Während eines Spiels in der französischen Basketballliga, machte ein Spieler einen so offensichtlich übertriebenen Schwalbenversuch, dass selbst der Schiedsrichter nicht anders konnte, als zu lachen. Statt eine Strafe auszusprechen, gab er dem Spieler einen freundlichen Klaps auf die Schulter und das Spiel ging weiter. Die Spieler und Fans feierten die sportliche Reaktion des Schiedsrichters, und die Szene wurde zu einem viralen Hit in den sozialen Medien. Dieser Moment der Heiterkeit und Fairness bleibt in der europäischen Basketballgeschichte positiv in Erinnerung.

#12 DAS "RUCKSACK-MALHEUR" von J.R. Smith

J.R. Smith ist bekannt für seine unvorhersehbaren Aktionen auf dem Spielfeld. In einem Spiel im Jahr 2016 erlebte er einen besonders skurrilen Moment, als er mitten im Spiel einen gegnerischen Spieler, Jason Terry, an der Seitenlinie begrüßte, während das Spiel noch lief. Während Smith Terry umarmte, erzielten die Gegner einen leichten Korb. Smiths Verwechslung wurde zu einem hit im Internet und zeigt auf humorvolle Weise, wie wichtig es ist, immer aufmerksam zu bleiben – selbst während eines NBA-Spiels.

#13 DER VERPASSTE DUNK von Blake Griffin

Blake Griffin, bekannt für seine spektakulären Dunks, erlebte 2012 eine peinliche, aber humorvolle Panne. In einem All-Star-Spiel versuchte er einen Dunk, indem er über ein Auto sprang. Griffin zog den Stunt erfolgreich durch, aber in einem späteren Spiel versuchte er einen ähnlichen Dunk und scheiterte kläglich, indem er mit dem Ball am Ring hängen blieb.

Die Szene ging viral und zeigte, dass selbst die athletischsten Spieler nicht immer perfekt sind.

#14 DAS „POPCORN-AUTO“ *von Andray Blatche*

Andray Blatche, damals Spieler der Washington Wizards, wurde 2010 Opfer eines Streichs seiner Teamkollegen. Nachdem er sich über mangelnde Spielzeit beschwert hatte, fanden seine Mitspieler eine kreative Art, ihn aufzuziehen: Sie füllten sein Auto von innen komplett mit Popcorn. Als Blatche sein Auto sah, konnte er nicht anders, als zu lachen, und auch die Fans fanden Gefallen an dem harmlosen, aber dennoch sehr kreativen Streich. Dieser Vorfall bleibt eine der lustigsten Anekdoten aus der Umkleidekabine.

#15 DAS TANZDUELL ZWISCHEN *Shaq und LeBron*

Während des All-Star Wochenendes 2007 entschieden sich Shaquille O'Neal und LeBron James für eine spontane und humorvolle Performance. Sie forderten einander zu einem Tanzduell während der Spielerpräsentation heraus, was in einem unvergesslichen Moment mündete.

Die beiden NBA-Legenden zeigten ihre besten Tanzbewegungen, sehr zur Belustigung der Fans und ihrer Mitspieler. Dieser Moment bleibt nicht nur wegen des sportlichen Wettkampfes in Erinnerung, sondern auch wegen des gemeinsamen Spaßes, den Shaq und LeBron mit der Basketballgemeinschaft teilten.

#16 DER VERSEHENTLICHE KOPFTREFFER

von Dirk Nowitzki

In einem Spiel der Dallas Mavericks versuchte Dirk Nowitzki einen langen Pass zu einem Teamkollegen. Leider traf er statt seines Mitspielers versehentlich einen Zuschauer am Kopf. Nowitzki, sichtlich bestürzt, ging sofort zu dem Fan, um sich zu entschuldigen. Der Fan nahm es mit Humor und gab dem Basketballstar einen High-Five. Dieser Moment zeigt Nowitzkis Klasse und Menschlichkeit, auch wenn das Spielfeld manchmal unvorhersehbare Wendungen nimmt. Und es bleibt eine der lustigsten „Nebenwirkungen“ eines Fehlpasses in der NBA-Geschichte.

#17 DIE VERFRÜHTE JUBELRUNDE

von premature

In einem College-Basketballspiel dachte ein Spieler, er hätte den siegbringenden Korb erzielt, als die Uhr abgelaufen war. Überwältigt von Emotionen, rannte er in die Zuschauer, um seinen Sieg zu feiern. Jedoch hatte er nicht bemerkt, dass noch 0,6 Sekunden auf der Uhr waren und sein Team lediglich ausgeglichen, statt gewonnen hatte. Sein Team musste die anschließende Verteidigung mit vier Spielern bestreiten, und obwohl sie das Spiel schließlich in der Verlängerung gewannen, bleibt diese verfrühte Jubelrunde ein denkwürdig lustiger Moment.

#18 DAS MASKOTTCHEN, *das zu weit ging*

In einem NBA-Spiel sorgte das Maskottchen für Aufsehen, als es sich entschied, während des Spiels auf einem Trampolin zu hüpfen und über einen Schiedsrichter zu springen. Der Stunt ging nach hinten los, als das Maskottchen den Schiedsrichter traf und beide zu Boden gingen. Obwohl niemand verletzt wurde, sorgte der Vorfall für Gelächter im Publikum und unter den Spielern.

#19 DIE VERWIRRTE FREIWURF-ROUTINE
von Chuck Hayes

Chuck Hayes, ehemaliger NBA-Spieler, war bekannt für seine ungewöhnliche Freiwurf-Routine. Er machte eine kurze Pause, bevor er den Ball warf, was aussah, als würde er einen Hüpfer machen. Diese ungewöhnliche Technik sorgte nicht nur für Verwirrung bei den Zuschauern, sondern brachte auch seine Gegner und Schiedsrichter zum Schmunzeln. Videos seiner Freiwürfe wurden viral und Hayes' Routine bleibt als eine der skurrilsten und amüsantesten in der Basketballgeschichte in Erinnerung.

#20 DER KORB,
der nicht zählen wollte

In einem College-Basketballspiel warf ein Spieler einen so kraftvollen Dunk, dass der Ball durch das Netz sprang, von der Rückwand abprallte und wieder aus dem Korb herauskam. Die Schiedsrichter waren zunächst verwirrt und zählten den Korb nicht. Das Publikum und die Spieler konnten nicht fassen, was sie gerade gesehen hatten. Nach einer Videoüberprüfung wurde der Korb jedoch richtig gewertet.

#21 DIE VERSCHWUNDENE HOSE *von Michael Jordan*

In einem NBA-Spiel in den 90er Jahren erlebte Basketballlegende Michael Jordan einen besonders peinlichen Moment. Als er für einen Freiwurf antrat, rutschte seine Hose herunter, da er vergessen hatte, den Kordelzug zuzuziehen. Jordan, immer ein Profi, zog seine Hose schnell hoch und machte weiter, als sei nichts passiert. Die Fans und Mitspieler konnten jedoch nicht aufhören zu lachen. Dieser Moment zeigt, dass selbst die größten Sportler nicht vor lustigen Pannen gefeit sind.

#22 DER KORB, *der nicht fallen wollte*

In einem College-Basketballspiel versuchte ein Spieler einen Slam Dunk, aber statt zu punkten, blieb der Ball auf der Kante des Korbes liegen. Die Spieler auf dem Feld waren verwirrt, und es dauerte einen Moment, bis alle realisierten, was passiert war. Schließlich wurde der Ball von einem der Spieler vorsichtig heruntergeholt. Dieser kuriose Moment wurde auf Video festgehalten und sorgt noch heute für Erheiterung unter Basketballfans. Es ist eine Erinnerung daran, dass im Basketball manchmal die ungewöhnlichsten Dinge passieren können.

#23 DER TANZENDE *Referee*

Während eines NBA-Spiels entschied sich ein Schiedsrichter spontan, seine Tanzkünste unter Beweis zu stellen. Als Musik durch die Lautsprecher der Arena ertönte, begann er, zur Unterhaltung der Fans zu tanzen. Spieler und Trainer konnten ihr Lachen kaum verbergen, und das Publikum jubelte begeistert. Dieser ungewöhnliche Moment bleibt in Erinnerung und zeigt, dass auch Schiedsrichter Sinn für Humor haben und zur rechten Zeit für eine Portion Spaß sorgen können.

#24 DER *Vogelangriff*

In einem College-Basketballspiel wurde das Spiel plötzlich unterbrochen, als ein Vogel in die Halle flog und sich entschied, am Spiel teilzunehmen. Spieler und Schiedsrichter versuchten, den Vogel aus der Halle zu lotsen, was für allerlei Komik sorgte. Nach einigen Minuten gelang es schließlich, und das Spiel konnte fortgesetzt werden.

#25 DER FLIEGENDE *Schuh*

In einem EuroLeague-Spiel verlor ein Spieler mitten im Spiel seinen Schuh. Anstatt das Spiel zu unterbrechen, hob ein Mitspieler den Schuh auf und warf ihn in Richtung der Bank, traf jedoch unbeabsichtigt einen Gegenspieler am Kopf. Die Spieler konnten nicht anders, als zu lachen, und selbst der getroffene Gegenspieler nahm es mit Humor. Dieser kuriose Vorfall wurde auf Video festgehalten und macht noch heute die Runde in den sozialen Medien.

#26 DIE VERWIRRTE *Katze*

Ein Spiel der spanischen Liga wurde unerwartet unterbrochen, als eine Katze auf das Spielfeld lief und sichtlich verwirrt über die ganze Aufmerksamkeit war. Die Spieler, Trainer und Schiedsrichter standen zunächst ratlos da, bevor sie anfingen, die Katze vorsichtig zu verscheuchen. Das Publikum amüsierte sich köstlich über die unerwartete Unterbrechung.

#27 DER BALLON *im Weg*

Während eines wichtigen Spiels in einer europäischen Basketballliga wurde der Spielverlauf plötzlich durch einen verirrten Ballon gestört, der auf das Spielfeld schwebte. Ein Spieler versuchte, den Ballon mit einem Sprungwurf zu treffen, verfehlte jedoch und sorgte damit für Gelächter im Publikum. Schließlich musste das Spiel kurz unterbrochen werden, um den Ballon zu entfernen. Dieser skurrile Moment wurde von den Kameras eingefangen und sorgte auch nach dem Spiel noch für Heiterkeit unter den Fans.

#28 DER POMMES *-Fauxpas*

ein Fan versehentlich seine Tüte Pommes auf das Spielfeld, in der Absicht, einen umstrittenen Schiedsrichterentscheid zu protestieren. Die Pommes verteilten sich auf dem Parkett, und das Spiel musste kurzzeitig gestoppt werden, um die „Pommes-Panne" zu beseitigen. Die Spieler und Schiedsrichter konnten sich ein Schmunzeln nicht verkneifen.

#29 DER *Hula-Hoop-Reifen*

Bei einem Basketballspiel in der italienischen Liga warf ein Fan aus Spaß einen Hula-Hoop-Reifen auf das Spielfeld. Das Spiel musste kurz unterbrochen werden, und die Spieler nutzten die Gelegenheit, um ihre Hula-Hoop-Fähigkeiten zu zeigen, was für viel Gelächter bei den Fans sorgte. Der ungewöhnliche Zwischenfall wurde zu einem viralen Hit in den sozialen Medien.

#30 DER VERWIRRTE *Kommentator*

Während eines spannenden Spiels in der Basketball-Bundesliga sorgte der Kommentator für Erheiterung, als er den Namen eines Spielers völlig falsch aussprach. Statt „Schmidt“ nannte er ihn „Schmetterling“, was für Verwirrung und Gelächter bei den Zuschauern sorgte. Der Kommentator bemerkte seinen Fehler sofort, konnte aber nicht aufhören zu lachen, was die Situation noch komischer machte.

#31 DER VERSCHLAFENE *Fan*

In einem spannenden Spiel der spanischen Basketballliga wurde plötzlich ein lautes Schnarchen hörbar. Die Kameras schwenkten umher und entdeckten einen Fan, der mitten im Spiel eingeschlafen war. Die umstehenden Fans und sogar einige Spieler konnten ihre Lacher nicht zurückhalten. Der verschlafene Fan wurde schließlich geweckt und nahm die Situation mit Humor.

#32 DER FRECHE *Maskottchen-Streich*

In einer spanischen Basketballliga sorgte das Maskottchen des Heimteams für einen unvergesslichen Moment, indem es sich heimlich an den gegnerischen Trainer heranschlich und ihm eine Bananenschale vor die Füße legte. Der Trainer bemerkte es gerade noch rechtzeitig und konnte einen Sturz verhindern, konnte jedoch nicht anders, als zu lachen. Die Aktion wurde von den Kameras eingefangen und das Publikum jubelte dem frechen Maskottchen zu.

#33 DIE VERRÜCKTE *Buzzer-Beater-Feier*

In einem Spiel der deutschen Basketball-Bundesliga gelang einem Spieler in letzter Sekunde ein unglaublicher Wurf von der Mittellinie, der das Spiel entschied. In der Euphorie riss er sich sein Trikot vom Leib und warf es in die Menge. Die Fans feierten den Sieg ausgelassen, doch der Spieler bemerkte zu spät, dass noch 0,2 Sekunden auf der Uhr waren. Er musste in einem Ersatztrikot weiterspielen.

#34 DER TÄNZER *im Timeout*

Während eines Bundesligaspiels in Deutschland entschied sich ein Fan, die Aufmerksamkeit auf sich zu ziehen, als er während eines Timeouts anfing, wild zu tanzen.

Die Kameras fingen seinen energetischen Tanz ein, und die Bilder gingen viral. Selbst die Spieler konnten sich ein Lachen nicht verkneifen, und der Tanz wurde zu einem Highlight des Spiels. Dieser Fan bleibt in der Erinnerung vieler als der „Tänzer im Timeout“ und hat einen festen Platz in den lustigen Momenten der deutschen Basketballgeschichte.

#35 DIE TANZENDEN *Maskottchen*

In einem anderen Spiel der Bundesliga entschieden sich die Maskottchen beider Teams, die Show zu stehlen. Sie veranstalteten einen spontanen Tanzwettbewerb während einer Spielpause, der das Publikum begeisterte. Die Maskottchen gaben alles und sorgten mit ihren lustigen Bewegungen und witzigen Einlagen für viel Spaß. Die Fans jubelten, und sogar die Spieler konnten sich ein Lachen nicht verkneifen.

#36 DER BALL BLEIBT *stecken*

In einer Begegnung der Basketball-Bundesliga wurde das Spiel plötzlich unterbrochen, als der Ball sich zwischen Ring und Brett verkeilte. Was normalerweise schnell gelöst ist, wurde zu einer komödiantischen Einlage, als der erste Spieler, der versuchte, den Ball zu befreien, daran scheiterte. Ein weiterer Spieler versuchte sein Glück – und scheiterte ebenfalls. Das Publikum lachte, und selbst die Spieler konnten sich das Grinsen nicht verkneifen.

Erst der dritte Versuch war erfolgreich, und das Spiel konnte fortgesetzt werden, aber dieser Moment bleibt als kurioser und heiterer Zwischenfall in Erinnerung.

#37 DIE VERWECHSELTEN *Trikots*

Vor einem wichtigen Spiel in der deutschen Liga kam es zu einer peinlichen Verwechslung: Beide Teams tauchten in fast identischen Trikots auf. Die Schiedsrichter waren verwirrt, die Spieler amüsiert. Es dauerte einige Zeit, bis das Problem gelöst war, indem ein Team auf Ersatztrikots umsteigen musste. Die Fans nahmen es mit Humor und sangen Spottlieder.

#38 DIE FLIEGENDEN *Schuhe*

Bei einem packenden Spiel in der deutschen Basketball-Bundesliga erlebten die Zuschauer eine unerwartete Wendung, als plötzlich ein Schuh durch die Luft flog. Ein Spieler hatte so energisch um den Ball gekämpft, dass sein Schuh sich löste und quer über das Spielfeld segelte. Die Spieler hielten inne, das Publikum lachte, und der Kommentator hatte seinen Spaß: „Da fliegt der Schuh!“ Der Spieler nahm es mit Humor und zog seinen Schuh wieder an, während das Publikum ihm applaudierte.

#39 DER VERGESSENE *Punktestand*

In einem weniger bekannten Spiel der deutschen Liga kam es zu einer humorvollen Verwirrung, als das Anzeigetafel-Team den Punktestand falsch führte. Ein Dreipunktwurf wurde nur als zwei Punkte gezählt, was niemandem auffiel, bis das Spiel vorbei war. Die Spieler und Trainer lachten darüber, und die Fans machten Witze. „Vielleicht brauchen wir einen Taschenrechner am Spielfeldrand“, scherzte ein Fan. Dieser amüsante Vorfall bleibt als Beispiel dafür in Erinnerung, dass auch im Sport manchmal menschliche Fehler für heitere Momente sorgen können.

#2

Ikonische Momente in der Basketballgeschichte, wie Michael Jordans letzter Wurf als Chicago Bull oder Magic Johnsons Comeback nach seiner HIV-Diagnose.

#40 DER LETZTE WURF DES *Großmeisters*

In den Schlusssekunden des sechsten Spiels der NBA-Finals 1998 fasste Michael Jordan, die unbestrittene Legende der Chicago Bulls, den Entschluss, Geschichte zu schreiben. Mit einer Eleganz, die nur MJ eigen war, stahl er Karl Malone, dem Power Forward der Utah Jazz, den Ball und begab sich auf den Weg in die Ewigkeit. Sein letzter Wurf, ein Jump Shot über Bryon Russell, versetzte die Bulls in Führung und sicherte ihnen den sechsten Meistertitel in acht Jahren. Dieser Moment, eingefroren in der Zeit, symbolisiert Jordans unvergleichliche Karriere und seinen unermüdlichen Willen zum Sieg.

#41 MAGIC'S TRIUMPH *über die Tragödie*

Im November 1991 erschütterte die Nachricht von Magic Johnsons HIV-Diagnose die Sportwelt. Doch statt sich zurückzuziehen, wurde Magic zu einem leidenschaftlichen Aktivisten und Botschafter im Kampf gegen HIV/AIDS. Vier Jahre später, beim NBA All-Star Game 1992, kehrte er auf das Parkett zurück und lieferte eine Vorstellung für die Ewigkeit. Er erzielte 25 Punkte, gab 9 Assists und holte 5 Rebounds, wurde zum MVP ernannt und bewies der Welt, dass seine Magie auf dem Basketballplatz unvermindert stark war. Dieser Moment war mehr als ein Spiel; es war ein Sieg des Lebens über die Vorurteile und eine Inspiration für Millionen

#42 LEBRON'S Krönungsmoment

LeBron James, oft im Schatten von Michael Jordan und als „der Nächste" bezeichnet, suchte 2016 nach Anerkennung und Respekt. Im siebten Spiel der NBA Finals führte er die Cleveland Cavaliers gegen die Golden State Warriors, die die reguläre Saison mit einer Rekordbilanz von 73 Siegen beendeten. LeBron's blockierte Andre Iguodala's Layup in den letzten Minuten, eine Aktion, die als „The Block" in die Geschichte einging. Die Cavaliers gewannen und LeBron erfüllte sein Versprechen, Cleveland einen Titel zu schenken, und untermauerte seinen Anspruch auf den „GOAT"-Status.

#43 DER SHOT HEARD 'Round the World

Vor der NBA gab es den legendären „The Shot Heard 'Round the World" im College-Basketball. 1992 trafen Duke und Kentucky im NCAA Tournament aufeinander, ein Spiel, das als eines der größten in der Geschichte gilt. Mit 2,1 Sekunden auf der Uhr und Duke einen Punkt hinten, warf Grant Hill den Ball über das ganze Spielfeld zu Christian Laettner, der sich drehte und traf, um das Spiel zu gewinnen. Dieser Korb ist als einer der denkwürdigsten Momente in der Sportgeschichte eingraviert und wird immer wieder in Highlight-Videos gezeigt.

#44 DIE GEBURT DER „Dream Team"-Ära

1992 veränderte sich die Basketballwelt für immer, als das erste „Dream Team" gebildet wurde, eine Auswahl der besten NBA-Spieler, die die USA bei den Olympischen Spielen in Barcelona vertraten. Mit Legenden wie Michael Jordan, Magic Johnson und Larry Bird im Team, zeigte dieses Ensemble eine Dominanz, die bis dato im internationalen Basketball unbekannt war.

Ihre Spiele waren weniger Wettkämpfe als vielmehr Ausstellungen ihres Könnens, und sie gewannen die Goldmedaille mit einem durchschnittlichen Punkteunterschied von 43,8. Dieser Moment markierte den Beginn einer neuen Ära und die weltweite Expansion der NBA.

#45 WILT CHAMBERLAINS 100-Punkte-Spiel

Am 2. März 1962 schuf Wilt Chamberlain ein Meisterstück, das in die Annalen der Sportgeschichte eingehen sollte. In einem Spiel gegen die New York Knicks erzielte Chamberlain unglaubliche 100 Punkte, ein Rekord, der bis heute unerreicht ist. Er traf 36 seiner 63 Feldwürfe und 28 von 32 Freiwürfen, eine beeindruckende Leistung für einen Spieler, der für seine schlechten Freiwürfe bekannt war. Das Bild von Chamberlain, wie er das „100"-Schild hält, ist ikonisch geworden und symbolisiert einen der unauslöschlichsten Momente in der Geschichte des Basketballs.

#46 DIE "FLU GAME" von Michael Jordan

Die „Flu Game“ von Michael Jordan im fünften Spiel der NBA-Finals 1997 ist ein unvergesslicher Moment in der Basketballgeschichte. Trotz schwerer Grippe-ähnlicher Symptome lieferte Jordan eine atemberaubende Leistung ab und führte die Chicago Bulls mit 38 Punkten, 7 Rebounds und 5 Assists zum Sieg über die Utah Jazz. Sein unbändiger Wille und seine Fähigkeit, unter extremen Bedingungen zu spielen, machten diese Partie zu einer der beeindruckendsten Leistungen in Jordans Karriere. Dieses Spiel ist ein Sinnbild für seine Entschlossenheit, sein Team zum Sieg zu führen, egal unter welchen Umständen.

#47 LARRY BIRDS *Dreipunktwettbewerb 1986*

Larry Bird, einer der größten Schützen in der Geschichte der NBA, sorgte beim Dreipunktwettbewerb während des All-Star-Wochenendes 1986 für einen denkwürdigen Moment. Vor dem Wettbewerb betrat Bird die Umkleidekabine, blickte ohne ein Lächeln umher und fragte: „Ich möchte nur wissen, welcher von euch Zweiter wird?“ Diese selbstbewusste Aussage war charakteristisch für Bird, und er untermauerte seine Worte mit Taten, indem er den Wettbewerb gewann. Diese Geschichte ist ein Paradebeispiel für Birds Selbstvertrauen und seine Fähigkeit, in entscheidenden Momenten zu brillieren.

#48 KAREEM ABDUL-JABBARS *All-Time Scoring Rekord*

Am 5. April 1984 übertraf Kareem Abdul-Jabbar Wilt Chamberlains Karriere-Punkterekord in der NBA, eine Leistung, die seine außergewöhnliche Langlebigkeit und Dominanz auf dem Basketballfeld unterstrich. Mit seinem berühmten Skyhook, einer fast unaufhaltbaren Waffe auf dem Spielfeld, erzielte Abdul-Jabbar insgesamt 38.387 Karrierepunkte. Dieser denkwürdige Moment, als er den Rekord in einem Spiel gegen die Utah Jazz brach, wurde von den Fans mit stehenden Ovationen gefeiert. Abdul-Jabbars Rekord steht bis heute und ist ein Testament für seine herausragenden Fähigkeiten und seinen unermüdlichen Einsatz auf dem Basketballfeld.

#49 DIE *„Miracle on Manchester“*

Der 26. Mai 1987 bleibt als Tag in Erinnerung, an dem die Boston Celtics und die Detroit Pistons eines der dramatischsten Spiele in der NBA-Geschichte austrugen. Im fünften Spiel der Eastern Conference Finals gelang Larry Bird ein Steal gegen Isiah Thomas in den letzten Sekunden, gefolgt von einem Pass zu Dennis Johnson, der den entscheidenden Korb machte. Dieser Moment, oft einfach als „The Steal" bezeichnet, veränderte den Verlauf der Serie und führte dazu, dass die Celtics schließlich das NBA-Finale erreichten. Birds instinktive und präzise Aktion in diesem kritischen Moment demonstrierte seine Basketball-Intelligenz und seinen Willen zum Sieg.

#50 DEREK FISHERS *0.4 Sekunden Wunder*

Im Jahr 2004, während der NBA-Playoffs, erlebte die Basketballwelt einen der atemberaubendsten Momente, als Derek Fisher von den Los Angeles Lakers einen Wurf mit nur 0,4 Sekunden auf der Uhr traf. Die Lakers standen gegen die San Antonio Spurs auf dem Spielfeld, und es schien, als hätten die Spurs das Spiel nach einem beeindruckenden Korb von Tim Duncan gewonnen. Aber Fisher hatte andere Pläne. Er fing den Einwurf, drehte sich blitzschnell und traf den Korb, alles in weniger als einer halben Sekunde.

Dieser Moment, bekannt als "Fisher's 0.4 Second Shot", bleibt eine der größten Heldentaten in der NBA-Geschichte.

#51 DAS „DOUBLE NICKEL"-SPIEL von Michael Jordan

Michael Jordans Rückkehr aus dem ersten Ruhestand wurde mit viel Aufsehen und Erwartungen begleitet. Aber am 28. März 1995, im Madison Square Garden gegen die New York Knicks, lieferte Jordan eine Vorstellung ab, die alle Zweifel an seinem Können und seiner Fitness beseitigte. Er erzielte beeindruckende 55 Punkte in einem Spiel, das als das „Double Nickel"-Spiel bekannt wurde („double nickel" ist ein umgangssprachlicher Ausdruck für die Zahl 55). Diese Leistung war nicht nur ein Beweis für Jordans unvergleichliche Fähigkeiten auf dem Basketballfeld, sondern auch für seine mentale Stärke und seine Fähigkeit, unter Druck zu glänzen.

#52 STEPH CURRYS Dreier-Rekord

Am 12. November 2016 schrieb Stephen Curry von den Golden State Warriors Geschichte, indem er einen neuen NBA-Rekord für die meisten Dreipunktwürfe in einem Spiel aufstellte. Curry traf 13 Dreier gegen die New Orleans Pelicans, brach damit den vorherigen Rekord von 12 und zeigte einmal mehr, warum er als einer der besten Schützen in der Geschichte des Basketballs gilt. Seine bemerkenswerte Treffsicherheit aus der Distanz und seine Fähigkeit, das Spiel zu revolutionieren, haben die Art und Weise, wie Basketball gespielt wird, verändert und diesen Moment zu einem der denkwürdigsten der jüngeren Vergangenheit gemacht.

#53 DAS „Malice at the Palace“

Das „Malice at the Palace“ ist vielleicht einer der berüchtigtsten Momente in der NBA-Geschichte und fand am 19. November 2004 statt. In einem Spiel zwischen den Indiana Pacers und den Detroit Pistons kam es zu einer Massenschlägerei, die sich von den Spielern auf dem Feld bis zu den Fans auf den Tribünen ausweitete. Ron Artest (später bekannt als Metta World Peace), ein Spieler der Pacers, spielte eine zentrale Rolle in den Ereignissen jener Nacht. Dieser Vorfall führte zu langen Sperren für mehrere Spieler und hatte einen bleibenden

Einfluss auf die Sicherheitsmaßnahmen in NBA-Arenen. Der Vorfall bleibt ein dunkles Kapitel in der NBA-Geschichte und ein Beispiel für die potenziellen Gefahren, wenn Emotionen auf dem Spielfeld überkochen.

#54 ALLEN IVERSONS *Praxis-Rant*

Am 7. Mai 2002 lieferte Allen Iverson, einer der charismatischsten und talentiertesten Spieler in der Geschichte der NBA, eine denkwürdige Pressekonferenz ab. Nach dem Ausscheiden der Philadelphia 76ers aus den Playoffs äußerte sich Iverson frustriert über Kritik an seinem Trainingsengagement. Seine wiederholte Betonung des Wortes „Practice" wurde ikonisch. Dieser Moment spiegelte Iversons rauhen und ungeschliffenen Charakter wider und bleibt ein Beispiel für die intensiven Emotionen und den Druck, die mit dem Profisport verbunden sind. Es zeigt, wie ein einzelner Ausbruch bleibenden Einfluss auf die öffentliche Wahrnehmung eines Athleten haben kann.

#55 DAS ENDE DER *Celtics-Lakers*

Das NBA-Finale 1987 markierte den Höhepunkt der intensiven Rivalität zwischen den Los Angeles Lakers und den Boston Celtics in den 1980er Jahren. Angeführt von Magic Johnson auf der einen und Larry Bird auf der anderen Seite, standen sich diese beiden Teams zum dritten Mal in einem Zeitraum von vier Jahren im Finale gegenüber. Die Lakers gewannen in sechs Spielen und sicherten sich damit nicht nur die Meisterschaft, sondern auch eine gewisse Genugtuung gegenüber ihren Rivalen. Dieses Finale symbolisierte den Übergang der NBA-Dominanz von den Celtics zu den Lakers und markierte das Ende einer Ära, die den Basketball der 80er Jahre prägte.

#56 LEBRON JAMES' *„Block" im NBA-Finale 2016*

Im siebten Spiel der NBA-Finals 2016 lieferte LeBron James einen der denkwürdigsten Momente der Basketballgeschichte. Mit weniger als zwei Minuten auf der Uhr und dem Spielstand gleichauf, blockte LeBron einen scheinbar sicheren Layup von Andre

Iguodala, rettete die Cleveland Cavaliers und ebnete den Weg für ihren ersten NBA-Titel. Dieser „Block“ wurde sofort ikonisch und steht sinnbildlich für LeBrons außergewöhnliche athletische Fähigkeiten und seine Fähigkeit, in entscheidenden Momenten aufzutreten.

#57 REGGIE MILLERS *8 Punkte in 9 Sekunden*

Während der NBA-Playoffs 1995 erlebte die Basketballwelt Reggie Millers beeindruckendes Comeback, als er in den letzten 18,7 Sekunden des Spiels 8 Punkte für die Indiana Pacers erzielte und so einen Rückstand gegen die New York Knicks aufholte. Millers beispiellose Leistung, einschließlich zweier Dreipunktwürfe und zwei Freiwürfe, ließ das Publikum im Madison Square Garden und Basketballfans weltweit staunen. Dieser Moment bleibt einer der eindrucksvollsten in der NBA-Geschichte und unterstreicht Millers Ruf als einer der größten „Clutch“-Spieler aller Zeiten.

#58 DRAŽEN PETROVIĆS *beeindruckende Karriere*

Dražen Petrović, oft als „Mozart des Basketballs“

bezeichnet, war einer der ersten europäischen Spieler, die in der NBA großen Erfolg hatten. Seine Karriere in Europa war jedoch ebenfalls beeindruckend. Er führte Jugoslawien zu Goldmedaillen bei der Europameisterschaft 1989 und der Weltmeisterschaft 1990. Sein Talent, seine Arbeitsmoral und seine Fähigkeit, in entscheidenden Momenten aufzutreten, machten ihn zu einer Legende. Sein tragischer Tod bei einem Autounfall im Jahr 1993 beendete seine Karriere abrupt, aber sein Erbe lebt in der Basketballwelt weiter.

#59 RADIVOJ KORAĆS
99 Punkte

Im Jahr 1965 setzte der jugoslawische Basketballspieler Radivoj Korać einen beeindruckenden Rekord, der bis heute Bestand hat. In einem Spiel des Europapokals der Landesmeister erzielte er unglaubliche 99 Punkte für sein Team OKK Belgrad gegen die schwedische Mannschaft Alviks BK. Dieser rekordverdächtige Auftritt unterstreicht Koraćs herausragendes Talent und seine Fähigkeit, das Spiel zu dominieren. Sein Name lebt in der „Korać-Cup“ Trophäe weiter, die jahrelang an den Gewinner des gleichnamigen europäischen Basketballwettbewerbs verliehen wurde.

#60 DER AUFSTIEG VON *Pau und Marc Gasol*

Die spanischen Brüder Pau und Marc Gasol haben einen tiefgreifenden Einfluss auf den europäischen und globalen Basketball ausgeübt. Pau gewann zweimal die NBA-Meisterschaft mit den Los Angeles Lakers und wurde mehrfach zum NBA All-Star gewählt. Marc, bekannt für seine Zeit bei den Memphis Grizzlies, gewann ebenfalls einen NBA-Titel mit den Toronto Raptors. Ihr beispielloser Erfolg hat den Weg für zukünftige Generationen europäischer Spieler in der NBA geebnet und die Wahrnehmung europäischer Talente auf der großen Bühne verändert. Ihr Erbe im Basketball ist sowohl in Europa als auch in den USA tief verwurzelt.

#61 DAS *»Wunder von Ljubljana«*

m Jahr 1997 erlebte der europäische Basketball einen der beeindruckendsten Comebacks in seiner Geschichte. Jugoplastika Split war im Finale des Europäischen Vereinspokals mit 16 Punkten gegen

Maccabi Tel Aviv zurückgefallen. Doch das Team, angeführt von Željko Rebrača, kämpfte sich zurück und sicherte sich in einem dramatischen Finish den Sieg. Dieser Erfolg wurde später als das „Wunder von Ljubljana“ bekannt und bleibt ein leuchtendes Beispiel für Entschlossenheit und Kampfgeist im Sport.

#62 DER ERFOLG DES *Jugoslawischen Nationalteams*

Das jugoslawische Nationalteam in den 1970er und 1980er Jahren war eine wahre Macht im europäischen Basketball. Angeführt von Legenden wie Dražen Petrović, Vlade Divac und Toni Kukoč, gewann Jugoslawien zahlreiche Medaillen bei Weltmeisterschaften, Europameisterschaften und Olympischen Spielen. Ihre Fähigkeit, konstant auf höchstem Niveau zu spielen und dabei spektakulären Basketball zu zeigen, hat Generationen von Spielern inspiriert und den Weg für den heutigen Erfolg von Basketball in der Region bereitet. Ihr Vermächtnis bleibt ein stolzes Kapitel in der Geschichte des europäischen Basketballs.

#63 OLYMPIAKOS' DRAMATISCHER *EuroLeague-Sieg 2012*

Im EuroLeague-Finale 2012 zeigte Olympiakos Piräus eine der beeindruckendsten Aufholjagden in der Geschichte des europäischen Basketballs. Das griechische Team lag im letzten Viertel gegen ZSKA Moskau mit 19 Punkten zurück. Doch mit einer unglaublichen Teamleistung und einem entscheidenden Dreipunktewurf von Georgios Printezis in den letzten Sekunden gelang Olympiakos ein dramatischer 62-61 Sieg. Dieser Moment bleibt in den Herzen der Fans verankert und zeugt von der Unvorhersehbarkeit und der Faszination des europäischen Vereinsbasketballs.

#64 DER ERSTE NICHT-AMERIKANISCHE MVP *in der EuroLeague*

Im Jahr 2005 wurde Anthony Parker, ein amerikanischer Basketballspieler, der für Maccabi Tel Aviv spielte, zum wertvollsten Spieler (MVP) der EuroLeague ernannt. Er war der erste nicht-amerikanische Spieler, der diese Auszeichnung erhielt. Parker spielte eine entscheidende Rolle beim Gewinn von zwei aufeinanderfolgenden

EuroLeague-Titeln für Maccabi und zeigte die steigende Bedeutung und das Talent von internationalen Spielern in europäischen Wettbewerben. Sein Erfolg öffnete die Tür für viele andere talentierte Spieler aus der ganzen Welt, um in Europa zu glänzen.

#65 DIRK NOWITZKIS *NBA-Erfolg*

Dirk Nowitzki, geboren in Würzburg, wurde zu einem der größten Basketballspieler aller Zeiten und ist ohne Zweifel der erfolgreichste deutsche Spieler in der NBA. Seine Karriere bei den Dallas Mavericks war geprägt von zahlreichen Rekorden, einem NBA-Titel 2011 und dem Gewinn des wertvollsten Spielers (MVP) der Finals. Nowitzki, bekannt für seinen einzigartigen Wurf und seine Führungsqualitäten, hat nicht nur den Weg für nachfolgende deutsche Spieler geebnet, sondern auch den Basketball in Deutschland nachhaltig beeinflusst.

#3 Unter dem Radar: Geschichten von weniger bekannten Spielern, die es trotz aller Widrigkeiten in die Profiligen geschafft haben oder bemerkenswerte Momente auf dem Court hatten.

#66 DER UNBEKANNTE *Held*

Markus Schmidt, ein Name, der vielen unbekannt ist, hat im deutschen Basketball für Furore gesorgt. Trotz seiner geringen Körpergröße von 1,75 m und dem Fehlen einer Elite-Ausbildung hat Markus es geschafft, sich in der zweiten deutschen Liga zu etablieren. In einem entscheidenden Spiel erzielte er in den letzten Sekunden den Siegtreffer von der Dreipunktlinie, ein Moment, der in die Annalen des Vereins einging. Seine Hartnäckigkeit und sein Glaube an sich selbst inspirieren viele junge Spieler, die von einer Karriere im Profi-Basketball träumen.

#67 DER SPÄTE *Durchbruch*

Anna Weber hatte schon fast aufgegeben, als sich ihre Basketball-Karriere plötzlich wendete. Mit 28 Jahren, als die meisten Spielerinnen bereits den Höhepunkt ihrer Karriere erreicht haben, bekam Anna eine Chance in der ersten Frauen-Basketball-Liga Deutschlands. Sie nutzte ihre Gelegenheit, arbeitete hart und wurde schnell zu einer Schlüsselspielerin ihres Teams.

Ihr Durchbruch beweist, dass es nie zu spät ist, seine Träume zu verfolgen, und dass Ausdauer und Hingabe oft wichtiger sind als reines Talent oder früher Erfolg.

#68 DER UNERMÜDLICHE *Kämpfer*

Lars Müller war in seiner Jugend nie der talentierteste Spieler auf dem Platz, aber was ihm an natürlicher Begabung fehlte, machte er durch seinen unbändigen Willen und seine Arbeitsmoral wett. Nach Jahren in den unteren Ligen und unzähligen Stunden in der Sporthalle bekam er mit 26 Jahren seine Chance in der BBL, der höchsten deutschen Basketball-Liga. In seinem ersten Spiel erzielte er prompt 15 Punkte und bewies allen Zweiflern, dass Hartnäckigkeit und Entschlossenheit genauso wichtig sind wie Talent.

#69 DIE SPÄTE *Blüte*

Sabrina Heinrich hatte schon fast das Ende ihrer Karriere erreicht, als sie plötzlich in der Damen-Basketball-Bundesliga durchstartete. Mit 32 Jahren war sie älter als viele ihrer Mitspielerinnen, doch ihre

Erfahrung und Ruhe am Ball machten sie zu einer wertvollen Spielerin. In einem entscheidenden Spiel traf sie den letzten und entscheidenden Korb, sicherte ihrem Team den Sieg und verewigte sich in den Geschichtsbüchern des Vereins. Ihre Geschichte zeigt, dass es nie zu spät ist, seine Träume zu verwirklichen und auf dem Basketballplatz Geschichte zu schreiben.

#70 DER SPÄTE *Starter*

Tim Klein hatte schon fast die Hoffnung aufgegeben, jemals in einer Profiliga zu spielen, als er mit 27 Jahren seine Chance in der BBL bekam. Er hatte den Großteil seiner Karriere in den niedrigeren Ligen verbracht und hatte nie das Rampenlicht gesucht. Doch als er endlich auf dem großen Parkett stand, zeigte er seine wahre Klasse. In seinem ersten Spiel legte er ein Double-Double auf und bewies, dass man nie aufhören sollte, an seine Träume zu glauben.

#71 DIE VERKANNTE *Talent*

Julia Schmidt war immer eine solide Spielerin, aber

sie hatte nie die Aufmerksamkeit der großen Clubs auf sich gezogen. Das änderte sich jedoch, als sie in einem Playoff-Spiel ihrer regionalen Liga eine atemberaubende Leistung zeigte. Sie erzielte 30 Punkte, holte 15 Rebounds und blockte fünf Würfe, eine Statistik, die man normalerweise nur von Stars der Liga erwartet. Ihr unglaubliches Spiel brachte ihr einen Vertrag in der ersten Frauen-Basketball-Liga Deutschlands ein und zeigte, dass manchmal ein einziges Spiel alles verändern kann.

#72 DER PHÖNIX *aus der Asche*

Daniel Weber war fast von der Basketball-Landkarte verschwunden, nachdem eine schwere Verletzung seine aufstrebende Karriere abrupt stoppte. Jahre der Rehabilitation und der Unsicherheit folgten, doch Weber gab nie auf. Mit 30 Jahren, als die meisten Spieler bereits ans Aufhören denken, machte er sein Comeback in der zweiten deutschen Liga. Er spielte nicht nur, sondern dominierte, führte junge Spieler an und wurde ein lebendes Beispiel dafür, dass Willenskraft und Hingabe alle Hindernisse überwinden können.

#73 DER UNSICHTBARE *Held*

Silke Meier war nie die Spielerin, die die meiste Aufmerksamkeit auf sich zog, aber ihr Einfluss auf dem Spielfeld war unbestreitbar. Als Point Guard führte sie ihr Team mit einer Mischung aus Ruhe und Entschlossenheit. In einem entscheidenden Spiel verteilte sie 15 Assists und stellte damit einen Ligarekord auf. Ihre Fähigkeit, ihre Mitspielerinnen in Szene zu setzen und das Spiel zu lesen, machte sie zu einer unschätzbaren Ressource für ihr Team und bewies, dass nicht immer diejenigen mit den meisten Punkten den größten Einfluss haben.

#74 DER STILLE *Leader*

Lena Bauer war nie die lauteste Spielerin auf dem Feld, aber ihre Präsenz war immer spürbar. Sie hatte eine natürliche Fähigkeit, ihre Mitspielerinnen zu motivieren und das Beste aus ihnen herauszuholen. In einem Playoff-Spiel erzielte sie den entscheidenden Korb in den letzten Sekunden, obwohl sie das ganze Spiel über von Verletzungen geplagt war. Ihre Standhaftigkeit und ihr unerschütterlicher Geist machten sie zu einer Legende in ihrem Verein, auch wenn ihr Name nie in den Schlagzeilen stand.

#75 DER *Unbeugsame*

Marian Novak, ein Spieler aus der Slowakei, war schon fast aus den Profiligen verschwunden, bevor er überhaupt richtig angefangen hatte. Mit 1,75 m war er für einen Basketballspieler ungewöhnlich klein, doch seine Geschwindigkeit und Agilität machten das mehr als wett. Er arbeitete hart, verbesserte sein Spiel und bekam schließlich eine Chance in der tschechischen Liga. Marian bewies allen Kritikern, dass Größe nicht alles ist, und führte sein Team zu mehreren Siegen, indem er entscheidende Punkte in den letzten Spielmomenten erzielte.

#76 DIE LEIDENSCHAFTLICHE *Kämpferin*

Eva Richter war bekannt für ihre Leidenschaft und ihren Kampfgeist auf dem Basketballfeld. Obwohl sie nie für die großen Ligen in Betracht gezogen wurde, hinterließ sie einen bleibenden Eindruck in der zweiten Bundesliga. In einem denkwürdigen Spiel kämpfte sie sich durch eine Verletzung und spielte die letzten Minuten mit einem verstauchten Knöchel, um ihrem Team zum Sieg zu verhelfen. Ihre Hingabe und Entschlossenheit inspirierten viele junge Spielerinnen und zeigten, dass man auch abseits der großen Bühnen Großes erreichen kann.

#77 DER BEHARRLICHE *Spielmacher*

Jakub Kowalski, ein aufstrebender polnischer Point Guard, galt in seiner Jugend als zu schmächtig für den Profibasketball. Er bewies jedoch seine Kritiker falsch, indem er sich durch die regionalen Ligen kämpfte und seine Technik und Kondition verbesserte. In einem entscheidenden Spiel der zweiten polnischen Liga erzielte er in den letzten Sekunden einen spektakulären Dreier, der sein Team in die erste Liga beförderte. Seine Geschichte ist ein Beispiel dafür, dass man mit Beharrlichkeit und harter Arbeit jedes Ziel erreichen kann.

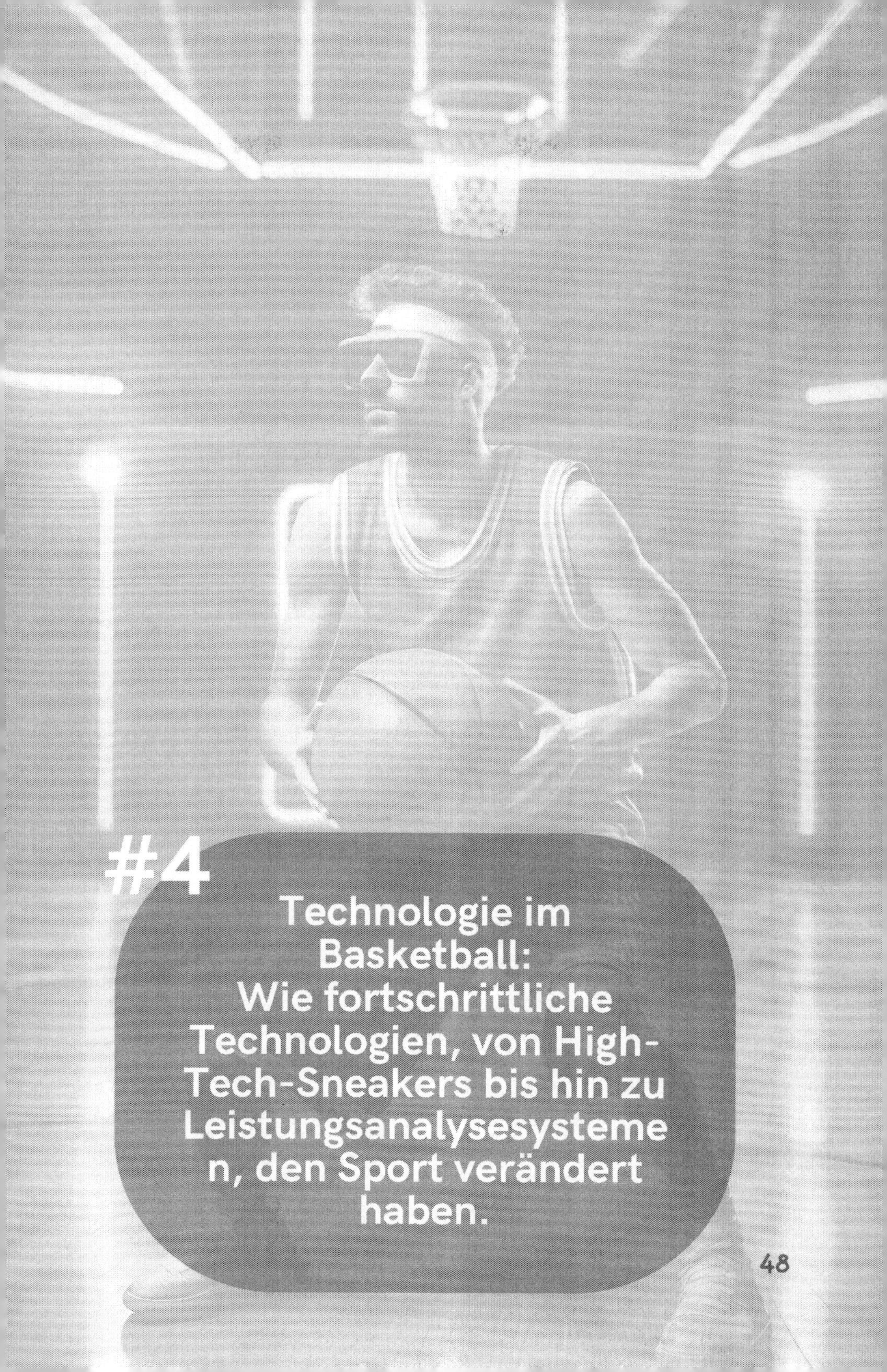

#4 Technologie im Basketball: Wie fortschrittliche Technologien, von High-Tech-Sneakers bis hin zu Leistungsanalysesystemen, den Sport verändert haben.

#78 VIDEOANALYSE *im Basketball*

Videoanalyse hat im Basketball eine Revolution ausgelöst, indem sie Trainern und Spielern ermöglicht, Spiele detailliert zu studieren. Sie können Muster im Spielverhalten des Gegners erkennen, die eigene Leistung analysieren und individuelle Fähigkeiten verbessern. Die Technologie hat nicht nur das Training effizienter gemacht, sondern auch die Spielstrategie verfeinert, was zu einem höheren Wettbewerbsniveau führt.

#79 WEARABLE *Technologie*

Wearable Technologien, wie Fitness-Tracker und GPS-Geräte, haben es Trainern ermöglicht, die physische Leistung und Belastung der Spieler genau zu überwachen. Durch das Sammeln von Daten wie Herzfrequenz, Geschwindigkeit und Distanz können Trainer individuelle Trainingspläne erstellen und das Verletzungsrisiko minimieren. Diese personalisierten Daten helfen, die Spieler in Bestform zu halten und ihre Leistungsfähigkeit auf dem Spielfeld zu maximieren.

#80 HIGH-TECH *Sneakers*

Die Entwicklung von High-Tech-Basketballschuhen hat den Komfort und die Leistung der Spieler erheblich gesteigert. Materialien wie leichtes Mesh und fortschrittliche Dämpfungssysteme bieten besseren Halt, Flexibilität und Unterstützung. Einige Schuhe sind sogar mit Sensoren ausgestattet, die Daten über die Bewegungen und Belastungen des Spielers liefern, um die Passform und Leistung weiter zu verbessern.

#81 KI-GESTEUERTE *Leistungsanalyse*

Künstliche Intelligenz (KI) spielt eine immer größere Rolle bei der Analyse von Basketballspielen. KI-Systeme können riesige Mengen an Spieldaten verarbeiten, um Muster zu erkennen, Spielerbewertungen vorzunehmen und sogar Vorhersagen über den Spielausgang zu treffen. Diese Analysen helfen Trainern, effektivere Strategien zu entwickeln und die Leistung ihrer Spieler zu maximieren.

#82 VIRTUELLE REALITÄT *im Training*

Virtuelle Realität (VR) wird zunehmend im Basketballtraining eingesetzt. Spieler können mithilfe von VR-Brillen in simulierte Spielsituationen eintauchen, was ein intensives und realitätsnahes Training ermöglicht. Dies ist besonders hilfreich für die mentale Vorbereitung und das Üben von Spielsituationen, ohne die physische Belastung eines realen Spiels.

#83 AUTOMATISIERTE *Kamera-Systeme*

Automatisierte Kamera-Systeme in den Basketballarenen ermöglichen es, Spiele aus verschiedenen Winkeln und Perspektiven zu erfassen, ohne dass Kameraleute erforderlich sind. Diese Systeme können den Ball und die Spieler automatisch verfolgen, was hochwertige Aufnahmen für die Videoanalyse und für die Übertragung der Spiele liefert. Die verbesserte Bildqualität und die verschiedenen Blickwinkel tragen dazu bei, das Zuschauererlebnis zu Hause und die Analysemöglichkeiten für Teams zu verbessern.

#84 SCHIEDSRICHTER *Unterstützung*

Technologie unterstützt heute auch Basketball-Schiedsrichter. Durch den Einsatz von Instant-Replay und verschiedenen Kameraeinstellungen können Schiedsrichter umstrittene Entscheidungen überprüfen und korrigieren, was zu fairerem Spiel führt. Diese Hilfsmittel tragen dazu bei, menschliche Fehler zu minimieren und die Integrität des Spiels zu wahren.

#85 SPORTMEDIZINISCHE *Fortschritte*

Fortschritte in der Sportmedizin, unterstützt durch Technologie, haben die Behandlung und Prävention von Verletzungen im Basketball revolutioniert. Hochentwickelte Bildgebungstechnologien, wie MRT und Ultraschall, ermöglichen eine präzise Diagnose und Überwachung von Verletzungen. Rehabilitation wird durch den Einsatz von virtueller Realität und speziellen Trainingsgeräten beschleunigt, die eine sichere und effektive Wiederherstellung unterstützen.

#86 FORTGESCHRITTENE *Trainingsgeräte*

Basketballteams nutzen heute eine Vielzahl von fortschrittlichen Trainingsgeräten, um die Leistung ihrer Spieler zu verbessern. Druckmessplatten analysieren den Sprung und die Bewegungen der Spieler, um Schwächen und Verletzungsrisiken aufzudecken. Roboter-Arme simulieren Verteidiger, um realistische Trainingsumgebungen zu schaffen und die Reaktionsfähigkeit und Ballkontrolle zu verbessern.

#87 DATENGETRIEBENES *Coaching*

Coaches im Basketball nutzen heute datengetriebene Ansätze, um ihre Teams zu leiten. Detaillierte Statistiken über Spielerleistungen, Gegnerverhalten und Spielstrategien werden analysiert, um Stärken zu maximieren und Schwächen zu minimieren. Diese datenbasierten Einblicke tragen dazu bei, die Trainingsmethoden zu verfeinern, die Spielvorbereitung zu verbessern und fundierte Entscheidungen während des Spiels zu treffen.

#88 KOGNITIVE *Trainingstools*

Kognitive Trainingstools, oft unterstützt durch Virtual Reality, helfen Basketballspielern, ihre Wahrnehmung, Entscheidungsfindung und Reaktionszeit zu verbessern. Diese Programme simulieren Spielsituationen, fordern die Spieler heraus und messen ihre Antworten, um mentale Schnelligkeit und Spielfähigkeiten zu steigern.

#89 FAN-ENGAGEMENT *und Erlebnis*

Technologie hat auch das Erlebnis für Basketballfans verbessert. Apps und soziale Medien ermöglichen es Fans, mit ihren Lieblingsteams und -spielern zu interagieren, Spiele in Echtzeit zu verfolgen und exklusive Inhalte zu genießen. Augmented Reality-Anwendungen verbessern das Erlebnis im Stadion, während fortschrittliche Übertragungstechnologien ein immersives Seherlebnis zu Hause bieten.

#90 PERFORMANCE-TRACKING in Echtzeit

Sensoren und GPS-Geräte ermöglichen nun das Tracking von Spielern in Echtzeit während des Spiels und des Trainings. Diese Daten liefern Einblicke in die physische Leistung, die Ausdauer und die Bewegungsmuster der Spieler, was zur Optimierung der Trainingsbelastung und zur Vorbeugung von Verletzungen beiträgt.

#91 KI IN DER Talentakquise

Künstliche Intelligenz wird zunehmend eingesetzt, um Talente im Basketball zu identifizieren und zu bewerten. Algorithmen analysieren Spielvideos, um die Fähigkeiten und Potenziale von Spielern zu bewerten, was den Scouts hilft, Talente effizienter zu identifizieren und ihre Entscheidungen zu untermauern.

#92 FORTSCHRITTE IN DER Balltechnologie

Auch der Basketball selbst hat technologische Fortschritte erfahren. Neue Materialien und Designs verbessern die Griffigkeit, Kontrolle und Haltbarkeit des Balls. Einige Bälle sind sogar mit Sensoren ausgestattet, die Daten über den Spin und die Flugbahn des Balls liefern, was Spielern hilft, ihre Wurftechnik zu perfektionieren.

#93 SCHUH-innovationen

Die Entwicklung von High-Tech-Basketballschuhen hat in den letzten Jahren erheblich zugenommen. Moderne Materialien bieten verbesserten Halt, Stabilität und Komfort. Einige Schuhe verfügen über adaptive Dämpfungssysteme, die sich automatisch an die Bewegungen und das Gewicht des Spielers anpassen, um optimalen Support zu gewährleisten.

#94 SPIELANALYSE Software

Diese ermöglicht eine tiefgehende Analyse von Spielen, indem sie Bewegungen der Spieler Balls trackt. Coaches nutzen diese Daten, um Taktiken zu entwickeln, Schwächen des Gegners aufzudecken und die eigene Mannschaftsleistung zu verbessern.

#95 ERNÄHRUNG UND *Regeneration*

Technologische Fortschritte in der Ernährungswissenschaft und bei Regenerationsmethoden spielen eine entscheidende Rolle bei der Leistungsoptimierung im Basketball. Spezialisierte Apps und Geräte helfen dabei, Ernährungspläne zu personalisieren und Regenerationsprozesse zu überwachen.

#96 E-SPORT *und Gaming*

Basketball-Videospiele und E-Sports sind zu einem integralen Bestandteil der Basketballkultur geworden. Sie bieten eine Plattform für Fans, selbst ins Spielgeschehen einzutauchen, und haben zur Popularität des Sports beigetragen.

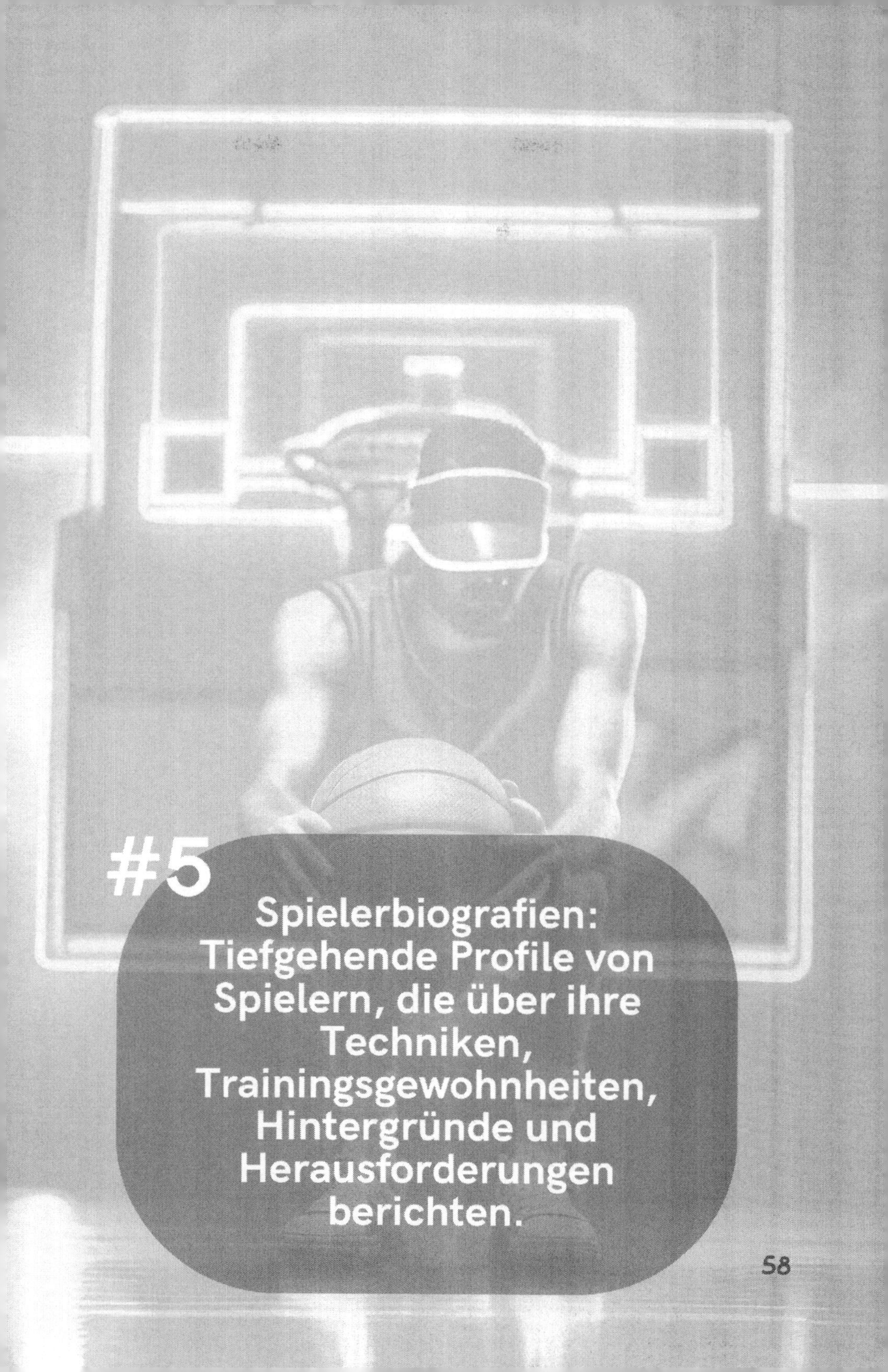

#5 Spielerbiografien: Tiefgehende Profile von Spielern, die über ihre Techniken, Trainingsgewohnheiten, Hintergründe und Herausforderungen berichten.

#97 DER AUFSTIEG VON *Dirk Nowitzki*

Dirk Nowitzki, einer der besten europäischen Spieler in der NBA, kam aus Würzburg, Deutschland. Er revolutionierte die Position des Power Forwards mit seinem präzisen Distanzschuss. Trotz anfänglicher Zweifel an seiner körperlichen Stärke, bewies er durch unermüdliches Training und eine spezielle Wurftechnik, dass er zu den Besten gehörte. Nowitzki führte die Dallas Mavericks 2011 zum NBA-Titel und wurde Finals MVP.

#98 MANU GINÓBILI *der unkonventionelle Superstar*

Manu Ginóbili, der aus Argentinien stammt, war bekannt für seinen unvorhersehbaren Spielstil und seine Fähigkeit, Spiele zu verändern. Er war ein Schlüsselspieler für die San Antonio Spurs und gewann vier NBA-Meisterschaften. Ginóbili arbeitete hart, um trotz seiner unkonventionellen Techniken erfolgreich zu sein, und wurde für seinen Wagemut und seine Kreativität auf dem Platz bewundert.

#99 HAKEEM OLAJUWON
Der Traum

Hakeem Olajuwon, geboren in Nigeria, war bekannt für seine herausragende Fußarbeit und seine Fähigkeit, Punkte zu erzielen und Bälle zu blocken. Er entwickelte die „Dream Shake", eine Serie von Täuschungsmanövern, die Verteidiger regelmäßig verwirrten. Olajuwon führte die Houston Rockets zu zwei NBA-Meisterschaften und wurde als einer der besten Center in der Geschichte des Basketballs gefeiert.

#100 ALLEN IVERSON
Der Kämpfer

Allen Iverson, bekannt für seine unbändige Energie und seinen Kampfgeist, hatte trotz seiner geringen Größe eine enorme Wirkung auf dem Court. Er überwand eine schwierige Kindheit und wurde zu einem der aufregendsten und umstrittensten Spieler seiner Generation. Iversons Cross-Over-Bewegung war legendär und inspirierte eine ganze Generation von Spielern.

STEVE NASH

#101

Der unermüdliche Spielmacher

Steve Nash, geboren in Südafrika und aufgewachsen in Kanada, war bekannt für seine außergewöhnlichen Passfähigkeiten und seine Treffsicherheit beim Distanzschuss. Trotz seiner geringen Größe und athletischen Einschränkungen arbeitete er unermüdlich an seinem Spiel und wurde zweimaliger NBA-MVP. Nash beeinflusste das Spiel mit seiner Fähigkeit, Mitspieler besser zu machen und das Tempo des Spiels zu kontrollieren.

YAO MING

#102

Chinas Basketball-Botschafter

Yao Ming, der 2,29 Meter große Center aus China, hatte eine kurze, aber beeindruckende NBA-Karriere. Seine Größe, gepaart mit seiner Fähigkeit, Punkte zu erzielen und Bälle zu blocken, machte ihn zu einer dominierenden Kraft. Abseits des Courts spielte er eine entscheidende Rolle dabei, die Popularität des Basketballs in China zu steigern und Brücken zwischen der NBA und China zu bauen.

#103 DERRICK ROSE

Der Widerstandsfähige

Derrick Rose, der jüngste Spieler, der jemals zum NBA-MVP gewählt wurde, hatte eine Karriere voller Höhen und Tiefen. Nach mehreren schweren Verletzungen kämpfte er sich immer wieder zurück auf den Court und bewies seine Widerstandsfähigkeit. Roses explosiver Spielstil und seine Fähigkeit, in entscheidenden Momenten zu punkten, machten ihn zu einem Fanliebling.

#104 SUE BIRD

Eine Legende im Frauenbasketball

Sue Bird, eine der erfolgreichsten Spielerinnen in der Geschichte des Frauenbasketballs, hat mit ihrer Spielübersicht, ihrer Passgenauigkeit und ihrer Führungskraft Maßstäbe gesetzt. Sie gewann zahlreiche Meisterschaften in der WNBA und mit dem US-Nationalteam. Birds Engagement für das Spiel und ihre Fähigkeit, in entscheidenden Momenten zu glänzen, haben sie zu einer Ikone gemacht.

#105 LUKA DONČIĆ

Das slowenische Wunderkind

Luka Dončić, ein Ausnahmetalent aus Slowenien, hat die NBA im Sturm erobert. Schon in jungen Jahren dominierte er in der EuroLeague, bevor er in die NBA wechselte. Seine Fähigkeit, Punkte zu erzielen, seine Mitspieler einzusetzen und in großen Momenten aufzutreten, zeichnet ihn aus. Luka hat eine außergewöhnliche Ballkontrolle und ein ausgeprägtes Spielverständnis, was ihn zu einem der spannendsten jungen Spieler in der Liga macht. Trotz des Ruhms bleibt er demütig und arbeitet hart, um sein Spiel weiterzuentwickeln und seine Teams zum Erfolg zu führen.

#106 KAWHI LEONARD

Der stille Superstar

Kawhi Leonard ist bekannt für seine stoische Persönlichkeit und seine Dominanz auf beiden Seiten des Spielfelds. Er arbeitet unermüdlich an seinem Spiel, verbessert ständig seine Fähigkeiten und hat sich zu einem der besten Spieler der Liga entwickelt. Leonard hat eine beeindruckende Karriere hingelegt, inklusive mehrerer NBA-Meisterschaften und Finals MVP-Auszeichnungen. Sein unvergleichlicher Wille zu gewinnen und seine Fähigkeit, in kritischen Momenten zu glänzen, machen ihn zu einem der respektiertesten Spieler in der NBA. Kawhi setzt sich für seine Gemeinschaft ein und bleibt trotz seines Erfolgs bescheiden und fokussiert.

#107 GIANNIS ANTETOKOUNMPO
Der griechische Freak

Giannis Antetokounmpo, auch bekannt als „Greek Freak", hat sich von einem schlaksigen Teenager zu einem der dominantesten Spieler in der NBA entwickelt. Aufgewachsen in bescheidenen Verhältnissen in Griechenland, musste Giannis hart arbeiten, um seinen Traum von der NBA zu verwirklichen. Seine außergewöhnliche Flügelspannweite und athletische Fähigkeiten ermöglichen es ihm, auf dem Platz zu glänzen, sowohl in der Offensive als auch in der Defensive. Giannis ist bekannt für seine Demut und Arbeitsmoral, ständig danach strebend, sein Spiel zu verbessern. Er ist nicht nur ein MVP auf dem Court, sondern auch ein Vorbild für junge Athleten weltweit.

#108 DIRK NOWITZKI

Der deutsche Wunderwurf

Dirk Nowitzki hat die Art und Weise, wie Basketball gespielt wird, verändert und gilt als einer der besten Power Forwards aller Zeiten. Sein einzigartiger Fadeaway-Wurf und seine Fähigkeit, aus der Distanz zu treffen, haben ihn zu einer Bedrohung auf dem Platz gemacht. Aufgewachsen in Würzburg, Deutschland, verbrachte Dirk den Großteil seiner Karriere bei den Dallas Mavericks, wo er 2011 eine NBA-Meisterschaft gewann. Trotz seines Erfolgs ist Dirk für seine Bodenständigkeit und seinen Humor bekannt. Er hat unzählige Stunden in die Verbesserung seines Spiels investiert und ist ein inspirierendes Beispiel für Hingabe und Leidenschaft im Sport.

#109 HAKEEM OLAJUWON

Der Traum aus Nigeria

Hakeem "The Dream" Olajuwon revolutionierte die Center-Position mit seiner einzigartigen Mischung aus Anmut und Kraft. Geboren in Nigeria, begann Hakeem erst im Alter von 15 Jahren mit dem Basketballspiel, entwickelte sich aber rasch zu einem der talentiertesten Spieler seiner Generation. Seine "Dream Shake"-Bewegungen verwirrten die Gegner und seine Verteidigung war beispiellos. Olajuwon verbrachte den Großteil seiner Karriere bei den Houston Rockets, gewann zwei NBA-Meisterschaften und wurde 1994 zum MVP ernannt. Er betont die Bedeutung von Disziplin und harten Trainingseinheiten, um auf höchstem Niveau zu konkurrieren.

#110 MANU GINÓBILI
Argentinischer Magier

Manu Ginóbili, einer der größten internationalen Spieler in der NBA-Geschichte, ist bekannt für seinen unorthodoxen Spielstil und seine Fähigkeit, Spiele zu verändern. Aufgewachsen in Bahía Blanca, Argentinien, wurde Ginóbili zu einem kritischen Bestandteil des "San Antonio Spurs Dynasty", gewann vier NBA-Meisterschaften und wurde zu einem der beliebtesten Spieler der Liga. Seine euro-step-Bewegung und sein scharfer Wettbewerbsgeist machten ihn zu einem Albtraum für die Verteidigung. Abseits des Platzes ist Manu für seine Bescheidenheit und sein Engagement für gemeinnützige Arbeit bekannt. Er ist ein Beispiel dafür, wie man mit Hingabe die Spitze erreichen kann.

#111 CHRIS ANDERSEN

Vom Absturz zum Aufstieg

Chris „Birdman" Andersen ist bekannt für seine bunte Persönlichkeit und seinen unverwechselbaren Spielstil. Seine Karriere in der NBA war alles andere als geradlinig. Nachdem er wegen Drogenmissbrauchs aus der Liga ausgeschlossen wurde, arbeitete Andersen hart an sich selbst, um zurückzukommen. Sein Engagement für die Rehabilitation und sein unerbittliches Training führten dazu, dass er wieder in die NBA aufgenommen wurde und schließlich einen NBA-Titel mit den Miami Heat gewann. Seine Geschichte ist eine Inspiration für viele, nicht aufzugeben, auch wenn die Zeiten hart sind, und zeigt, dass Veränderung und Erfolg mit Entschlossenheit und harter Arbeit möglich sind.

#112 TONI KUKOČ

Ein kroatisches Basketball-Genie

Toni Kukoč, ein vielseitiger 6'11" Forward aus Kroatien, hat in den 1990er Jahren das europäische Basketball dominiert, bevor er in die NBA wechselte. Bei den Chicago Bulls entwickelte er sich zu einem

Schlüsselspieler und gewann drei Meisterschaften. Kukočs Technik war einzigartig; er war in der Lage, wie ein Guard zu spielen, obwohl er die Größe eines Forwards hatte. Sein Trainingsregime war intensiv und konzentrierte sich auf Vielseitigkeit, um in verschiedenen Rollen auf dem Platz zu glänzen. Kukočs Hintergrund im europäischen Basketball prägte seine Spielweise, die durch Kreativität und ein hervorragendes Verständnis für das Spiel gekennzeichnet war.

#113 MUGGSY BOGUES: *Der kleine Riese*

Mit einer Größe von nur 5'3" war Muggsy Bogues der kleinste Spieler, der je in der NBA gespielt hat. Trotz seiner geringen Größe konnte er sich durch seine unglaubliche Geschwindigkeit, seine Ballfertigkeiten und seine defensive Hartnäckigkeit behaupten. Bogues betont, dass seine Größe nie ein Hindernis für ihn war; stattdessen verwendete er sie zu seinem Vorteil, indem er sich auf seine Stärken konzentrierte und sich nie entmutigen ließ. Sein Trainingsprogramm war darauf ausgerichtet, seine Schnelligkeit und Ausdauer zu maximieren. Bogues inspiriert viele junge Spieler, an sich zu glauben und hart zu arbeiten, unabhängig von ihrer Körpergröße.

#114 MANUTE BOL

Der Block-König

Manute Bol, mit einer Größe von 7'7", war einer der beeindruckendsten Shot-Blocker in der Geschichte der NBA. Seine unglaubliche Flügelspannweite und sein Timing machten ihn zu einer defensiven Macht. Bol legte großen Wert auf die Entwicklung seiner Blockfähigkeiten, verbrachte viel Zeit mit Timing-Übungen und arbeitete an seiner Sprungkraft. Sein sudanesischer Hintergrund und seine unglaubliche Lebensgeschichte von einem nomadischen Stamm bis in die NBA inspirieren viele. Trotz gesundheitlicher Herausforderungen und einem späten Start in den professionellen Basketball hat Bol einen bleibenden Einfluss auf das Spiel hinterlassen.

#6 Wie Basketball verschiedene Kulturen beeinflusst und wie er im Gegenzug von ihnen geprägt wird. Zum Beispiel die Streetball-Szene in New York oder die Basketballkultur auf den Philippinen.

#115 STREETBALL *in New York*

Die Straßen von New York sind ein Mekka des Streetballs, einer roheren, freieren Form von Basketball, die sich stark auf Individualität und Showmanship konzentriert. Orte wie Rucker Park sind weltberühmt, wo lokale Legenden und NBA-Spieler Seite an Seite spielen. Diese Kultur hat eine einzigartige Spielweise hervorgebracht, die Betonung auf persönlichem Ausdruck und Kreativität legt. Es hat auch eine Gemeinschaftsbindung geschaffen, indem es Menschen aller Hintergründe zusammenbringt und ihnen eine Plattform bietet, sich auszudrücken und Anerkennung zu finden. Der Einfluss von Streetball reicht weit über New York hinaus, beeinflusst die Art und Weise, wie Basketball weltweit gespielt und wahrgenommen wird, und zeigt die kraftvolle Verbindung zwischen Sport, Kultur und Gesellschaft.

#116 BASKETBALL AUF DEN *Philippinen*

Basketball ist mehr als nur ein Spiel auf den Philippinen; es ist eine Lebensart. Trotz des Mangels an physischer Größe im Vergleich zu anderen Ländern, zeigen die Philippinen eine beeindruckende Hingabe und Leidenschaft für den Sport. Überall auf den Inseln sind Basketballkörbe zu finden, von improvisierten Reifen in ländlichen Gebieten bis zu professionellen Arenen in den Städten. Diese lebendige Basketballkultur hat eine Gemeinschaft geschaffen, in der der Sport als Mittel zur Stärkung der gesellschaftlichen Bindungen und als Plattform für sozialen Aufstieg dient. Der philippinische Basketball drückt die Resilienz, Entschlossenheit und den Gemeinschaftssinn des Landes aus und zeigt, wie tief der Sport in das soziale Gewebe eines Landes eingewebt sein kann.

#117 BASKETBALL IN *China*

In den letzten Jahrzehnten hat Basketball in China einen enormen Boom erlebt. Dies ist teilweise auf die Popularität von Yao Ming, dem ersten chinesischen Superstar in der NBA, zurückzuführen. Sein Erfolg hat eine ganze Generation inspiriert und die Aufmerksamkeit auf den Basketball gelenkt. In der Folge sind Basketballplätze in Städten und

Dörfern im ganzen Land entstanden. Der Sport hat nicht nur dazu beigetragen, die physische Gesundheit zu fördern, sondern auch eine Plattform für den kulturellen Austausch geschaffen. Chinesische Spieler streben danach, in der NBA zu spielen, während amerikanische Spieler in der chinesischen Liga antreten. Diese Wechselwirkungen haben dazu beigetragen, den Sport globaler und integrativer zu gestalten.

#118 BASKETBALL IN *Europa*

Europa hat eine reiche Basketballtradition mit starken nationalen Ligen und dem prestigeträchtigen EuroLeague-Wettbewerb. Der europäische Basketballstil betont Teamspiel, Taktik und Technik, was einen starken Kontrast zum mehr auf Athletik und Individualität ausgerichteten amerikanischen Stil darstellt. Diese Unterschiede sind historisch und kulturell bedingt, spiegeln aber auch die Vielfalt und die Offenheit des Sports wider. Europäische Spieler, die in die NBA wechseln, bringen oft ein hohes Maß an Grundlagen und ein tiefes Verständnis für das Spiel mit, was den kulturellen Austausch und die gegenseitige Beeinflussung zwischen den verschiedenen

Basketballwelten fördert. Der europäische Basketball hat auch dazu beigetragen, den Sport inklusiver und zugänglicher zu machen, indem er Talente aus verschiedenen Ländern und Hintergründen fördert.

#119 BASKETBALL IN den USA

Basketball ist tief in der amerikanischen Kultur verwurzelt, von Streetball-Spielen auf asphaltierten Plätzen bis hin zu prestigeträchtigen College-Turnieren. Der Sport bietet eine Plattform für sozialen Aufstieg und hat insbesondere in afroamerikanischen Gemeinschaften eine besondere Bedeutung. Die NBA, als eine der weltweit führenden Ligen, prägt weltweit Trends und setzt Maßstäbe. Basketball hat in den USA nicht nur zu Diskussionen über Rasse und Klasse beigetragen, sondern auch Mode, Musik und Kunst beeinflusst. Spieler wie Michael Jordan und LeBron James sind nicht nur Sportikonen, sondern auch kulturelle Influencer, deren Wirkung weit über das Spielfeld hinausreicht.

#120 UND NOCHMAL DIE *Philippinen*

Auf den Philippinen ist Basketball nicht nur ein Sport, sondern eine Leidenschaft und ein wesentlicher Bestandteil des täglichen Lebens. Überall im Land, von entlegenen Dörfern bis hin zu belebten Städten, finden sich Basketballplätze. Der Sport hat sich als mächtiges Instrument für Gemeinschaft und sozialen Zusammenhalt etabliert. Trotz der Tatsache, dass das Land international nicht zu den Basketball-Hochburgen zählt, ist die Liebe zum Spiel unermesslich. Philippinische Fans sind für ihre Begeisterung und Treue bekannt, und lokale Ligen genießen große Popularität. Basketball hat auf den Philippinen eine einzigartige Form angenommen, geprägt von lokalen Traditionen, der kolonialen Geschichte und der tief verwurzelten Liebe zum Spiel.

#7 Geschichten von Spielern, die schwerwiegende Verletzungen erlitten haben und den schwierigen Weg zurück aufs Spielfeld gemeistert haben.

#121 DERRICK ROSE'S *beeindruckendes Comeback*

Derrick Rose, ehemaliger MVP und NBA-Superstar, erlebte einen dramatischen Karriereeinbruch durch mehrere schwere Knieverletzungen. Sein anfänglich kometenhafter Aufstieg wurde jäh unterbrochen, und viele glaubten, er würde nie wieder auf seinem früheren Niveau spielen. Doch Rose bewies unglaubliche Resilienz und Willenskraft. Nach Jahren des Kampfes und der Rehabilitation kehrte er stärker zurück und zeigte beeindruckende Leistungen bei den Minnesota Timberwolves, einschließlich eines emotionalen 50-Punkte-Spiels im Jahr 2018. Roses Geschichte ist ein inspirierendes Beispiel für Ausdauer und Hingabe, und zeigt, dass selbst nach schwersten Rückschlägen ein Comeback möglich ist.

#122 SHAUN LIVINGSTON'S *Wunder-Rückkehr*

Shaun Livingston, ein vielversprechendes Basketballtalent, erlitt 2007 eine der schrecklichsten Verletzungen in der NBA-Geschichte, als er sich das Knie verdrehte und fast alle Bänder riss. Die Ärzte waren unsicher, ob er jemals wieder laufen, geschweige denn Basketball spielen könnte. Doch Livingston weigerte sich aufzugeben. Nach zahlreichen Operationen und einer langwierigen Rehabilitation kämpfte er sich zurück in die NBA. Er wurde ein Schlüsselspieler für die Golden State Warriors und gewann mit dem Team drei NBA-Meisterschaften. Livingstons Karriere zeigt, dass mit Entschlossenheit und harter Arbeit selbst das scheinbar Unmögliche erreicht werden kann.

#123 PAUL GEORGE'S TRIUMPH *über die Verletzung*

Im Sommer 2014 erlitt Paul George, ein aufstrebender Star der Indiana Pacers, einen verheerenden Beinbruch während eines Spiels der US-Nationalmannschaft. Diese schreckliche Verletzung ließ viele zweifeln, ob er jemals wieder auf Profi-Niveau spielen könnte. George jedoch bewies außergewöhnlichen Mut und Entschlossenheit. Nach fast einem Jahr intensiver Rehabilitation und Training kehrte er stärker denn je zurück und spielte einige der besten Basketballspiele seiner Karriere. Sein Comeback inspirierte viele junge Athleten und zeigte, dass mit Glauben an sich selbst und harter Arbeit selbst die schwierigsten Herausforderungen überwunden werden können.

#124 GORDON HAYWARD'S *beeindruckende Rückkehr*

Gordon Hayward, der Forward der Boston Celtics, erlebte im Oktober 2017 einen schrecklichen Moment, als er sich das Bein und den Knöchel nur fünf Minuten in das Eröffnungsspiel der Saison verrenkte. Diese schreckliche Verletzung führte zu einer sofortigen Operation und einem langen, mühsamen Weg der Genesung. Viele fragten sich, ob er jemals wieder auf seinem vorherigen Niveau spielen könnte. Doch Hayward ließ sich nicht unterkriegen. Er arbeitete hart an seiner Genesung, unterstützt von Familie, Freunden und Teamkollegen. In der Saison 2018/19 kehrte er zurück auf das Parkett und bewies, dass er immer noch auf höchstem Niveau konkurrieren kann. Seine Geschichte ist ein inspirierendes Beispiel für Widerstandsfähigkeit und Willenskraft.

#8

Basketball in Deutschland: Wie ein Sport in Deutschland aufstrebt, mit all seinen Höhen und Tiefen.

#125 TRADITIONSCLUBS *und ihre Bedeutung*

Einige deutsche Basketballvereine blicken auf eine lange und reiche Geschichte zurück. Der Basketballclub Alba Berlin, gegründet 1989, ist ein Paradebeispiel für Tradition und Erfolg im deutschen Basketball. Mit mehreren Meisterschaften und Pokalsiegen hat der Club maßgeblich dazu beigetragen, das Ansehen des Basketballs in Deutschland zu steigern. Die leidenschaftliche Fanbasis und das Engagement im Jugendbereich machen Alba Berlin zu einem Vorzeigeclub, der junge Talente fördert und die Basketballkultur in Deutschland nachhaltig prägt.

#126 HERAUSFORDERUNGEN *und Zukunftspläne*

Trotz des Aufschwungs kämpft der deutsche Basketball weiterhin um Aufmerksamkeit und Anerkennung. Die Dominanz des Fußballs lässt wenig Raum für andere Sportarten. Um den Basketball nachhaltig zu etablieren, sind Investitionen in Infrastruktur, Jugendförderung und Medienpräsenz erforderlich.

Innovative Konzepte wie 3x3 Basketball könnten frischen Wind bringen und neue Zielgruppen erschließen. Mit einem klaren Blick auf die Zukunft und einer starken Gemeinschaft könnte der Basketball in Deutschland sein volles Potential entfalten und eine neue Ära einläuten.

#127 INTERNATIONALER *Einfluss*

Der deutsche Basketball hat in den letzten Jahren vermehrt internationale Aufmerksamkeit erlangt, nicht zuletzt durch den Aufstieg deutscher Spieler in die NBA. Dirk Nowitzki, der seine Karriere bei den Dallas Mavericks verbrachte, hat als einer der besten europäischen Spieler in der NBA Geschichte geschrieben und dem deutschen Basketball zu neuer Popularität verholfen. Sein Erfolg inspirierte viele junge deutsche Spieler, ihren Traum von einer Profikarriere im Basketball zu verfolgen, und trug dazu bei, den Sport in Deutschland auf eine neue Stufe zu heben.

#128 NACHWUCHSFÖRDERUNG *und Talententwicklung*

Der deutsche Basketballverband und lokale Clubs

investieren verstärkt in die Nachwuchsförderung und Talententwicklung. Durch spezialisierte Trainingsprogramme, Turniere und Kooperationen mit Schulen wird versucht, junge Talente früh zu entdecken und zu fördern. Jedoch gibt es auch Kritik an der mangelnden Durchlässigkeit von Talenten in die Profiligen und der zu geringen Spielzeit für junge deutsche Spieler. Um den Basketball in Deutschland weiter voranzutreiben, ist eine konsequente Talentförderung und die Schaffung von Spielmöglichkeiten für junge Athleten entscheidend.

#129 BBL ALS *Aushängeschild*

Die Basketball-Bundesliga (BBL) repräsentiert den Höhepunkt des deutschen Basketballsports. Sie hat sich über die Jahre professionalisiert und zieht immer mehr Zuschauer in die Hallen sowie vor die Bildschirme. Die Teams investieren in bessere Infrastrukturen und Trainingsbedingungen. Doch trotz der Fortschritte kämpft die Liga immer noch um Anerkennung und Sichtbarkeit im Vergleich zum dominierenden Fußball und muss sich finanziell in einem herausfordernden Marktumfeld behaupten.

#130 REGIONALE HOTSPOTS *und Rivalitäten*

In Deutschland gibt es einige Basketball-Hochburgen, wie Bamberg oder München, die regelmäßig für Schlagzeilen sorgen und eine starke Fanbasis aufgebaut haben. Diese Teams prägen das Bild der BBL und sorgen für spannende Duelle und Rivalitäten, die die Liga beleben. Jedoch ist es für kleinere Teams oft schwer, mit den finanziellen Möglichkeiten und der Anziehungskraft dieser Clubs mitzuhalten, was zu einem Ungleichgewicht innerhalb der Liga führt und die Entwicklung des deutschen Basketballs auf breiter Ebene hemmt.

#131 BREITENSPORT *und Nachhaltigkeit*

Basketball in Deutschland ist nicht nur auf Profiebene im Aufwind, sondern erfreut sich auch als Breitensport wachsender Beliebtheit. Schulen und Vereine verzeichnen steigende Mitgliederzahlen, und es gibt eine Vielzahl von Veranstaltungen und Turnieren für alle Alters- und Leistungsklassen. Doch um diesen positiven Trend nachhaltig zu sichern, ist es entscheidend, in die

#132 MEDIENPRÄSENZ *und Sichtbarkeit*

Basketball in Deutschland hat in den letzten Jahren an Sichtbarkeit gewonnen, was nicht zuletzt auf die Übertragungen von Spielen in den Medien zurückzuführen ist. Die Bundesliga (BBL) wird regelmäßig im Fernsehen übertragen, und auch internationale Wettbewerbe finden Beachtung. Dennoch kämpft der Basketball weiterhin um Aufmerksamkeit, besonders im Vergleich zum dominierenden Fußball. Eine stärkere Medienpräsenz ist entscheidend, um Sponsoren anzulocken, die finanzielle Stabilität der Vereine zu sichern und den Sport in der breiten Öffentlichkeit populärer zu machen.

#133 HERAUSFORDERUNGEN *und Lösungen*

Der deutsche Basketball sieht sich mit verschiedenen Herausforderungen konfrontiert, wie der Konkurrenz durch andere Sportarten, dem Abwandern von Talenten und finanziellen Unsicherheiten. Um diese Probleme zu bewältigen, sind kreative Lösungen und strategische Planungen erforderlich.

Die Vereine und der Verband müssen zusammenarbeiten, um attraktive Rahmenbedingungen zu schaffen, die Jugendarbeit zu stärken und die Qualität der Liga kontinuierlich zu verbessern. Nur durch gemeinsame Anstrengungen und innovative Ansätze kann der Basketball in Deutschland seine Position festigen und ausbauen.

#134 DIE ROLLE DER *Vorbilder*

Spieler wie Dirk Nowitzki haben maßgeblich dazu beigetragen, den Basketball in Deutschland populärer zu machen. Nowitzkis beeindruckende Karriere in der NBA, gekrönt mit einem Meisterschaftstitel und zahlreichen Auszeichnungen, inspirierte viele junge Spieler in Deutschland, sich dem Basketball zu widmen. Die Herausforderung besteht jedoch darin, den Schwung dieser Vorbilder zu nutzen, um eine dauerhafte Begeisterung und Entwicklung im deutschen Basketball zu gewährleisten.

#135 ENTWICKLUNG DES *Nachwuchses*

Der Aufschwung des Basketballs in Deutschland

hängt stark von der Förderung junger Talente ab. Während es Fortschritte in der Jugendarbeit gibt, besteht immer noch ein Bedarf an besserer Infrastruktur und qualifizierten Trainern. Zudem ist es entscheidend, talentierten Spielern Perspektiven in Deutschland aufzuzeigen, um ihre Abwanderung in ausländische Ligen zu verhindern. Ein stärkerer Fokus auf die Jugendentwicklung und die Schaffung von Anreizen für junge Spieler sind essentiell, um den Basketball in Deutschland nachhaltig zu stärken.

#136 INTERNATIONALER *Einfluss*

Die zunehmende Präsenz deutscher Spieler in der NBA und anderen internationalen Ligen hat die Wahrnehmung des Basketballs in Deutschland verändert. Dies hat auch zu einem Wissensaustausch und einer Modernisierung der Trainingsmethoden im deutschen Basketball geführt. Gleichzeitig bleibt die Herausforderung bestehen, die internationale Erfahrung für die Entwicklung des Sports im Inland nutzbar zu machen und gleichzeitig ein starkes nationales Ligasystem aufrechtzuerhalten.

#137 FRAUEN IM *Basketball*

Der Frauenbasketball in Deutschland hat seine eigenen Erfolgsgeschichten, kämpft aber weiterhin um Anerkennung und Unterstützung. Spielerinnen wie Satou Sabally, die in der WNBA spielt, sind Vorbilder für junge Mädchen. Es bedarf jedoch verstärkter Anstrengungen, um Mädchen und Frauen im Basketball zu fördern und ihnen gleiche Möglichkeiten wie den Männern zu bieten. Die Gleichstellung im Sport ist nicht nur eine Frage der Fairness, sondern auch entscheidend für die umfassende Entwicklung des Basketballs in Deutschland.

#138 INFRASTRUKTUR UND *Vereinsentwicklung*

Neben der Talentförderung ist auch die Entwicklung der Infrastruktur entscheidend für den Erfolg des Basketballs in Deutschland. Viele Vereine haben in den letzten Jahren in moderne Trainingsanlagen und Stadien investiert. Dies trägt nicht nur zur Professionalisierung des Sports bei, sondern schafft auch eine attraktivere Umgebung für Fans und

Spieler. Gleichzeitig gibt es immer noch eine Kluft zwischen den Top-Teams und den kleineren Vereinen, was finanzielle Ressourcen und Zugang zu Talenten angeht. Eine ausgewogene und nachhaltige Entwicklung des Basketballs in Deutschland erfordert daher kontinuierliche Anstrengungen auf allen Ebenen.

#139 WIRTSCHAFTLICHE *Herausforderungen*

Trotz steigender Popularität steht der Basketball in Deutschland vor finanziellen Herausforderungen. Viele Vereine kämpfen um Sponsoren und Zuschauereinnahmen, was die wirtschaftliche Stabilität gefährdet. Die COVID-19-Pandemie hat diese Situation verschärft, da Spiele ohne Publikum stattfanden und Einnahmequellen wegbrachen. Dennoch haben sich Clubs und die Liga an die neuen Gegebenheiten angepasst, digitale Formate stärker genutzt und alternative Einnahmequellen erschlossen. Diese Flexibilität und Innovationskraft sind entscheidend, um den Basketball in Deutschland zukunftsfähig zu machen und weiter zu etablieren.

#140 STRUKTURELLE ENTWICKLUNG *und Professionalisierung*

Die Basketball-Bundesliga (BBL) hat in den vergangenen Jahren erhebliche Fortschritte gemacht, sowohl in Bezug auf die sportliche Qualität als auch die Professionalisierung der Strukturen. Die Einführung von Mindeststandards für Hallen und die Verbesserung der Nachwuchsarbeit sind positive Entwicklungen. Jedoch gibt es noch immer Diskrepanzen zwischen den Top-Clubs und dem Rest der Liga, was zu einer sportlichen Ungleichheit führt. Die Weiterentwicklung der Liga und eine ausgewogene Wettbewerbsstruktur sind entscheidend, um den Basketball in Deutschland auf ein höheres Niveau zu heben und langfristig erfolgreich zu sein.

#141 GESCHICHTLICHE *Entwicklung*

Basketball in Deutschland hat eine reiche Geschichte, die bis in die frühen 20er Jahre zurückreicht. Die Sportart hat jedoch viele Höhen und Tiefen erlebt, mit Perioden der Popularität und des Niedergangs. In den letzten Jahren hat sich

Basketball in Deutschland stabilisiert, dank der Bemühungen von Verbänden, Vereinen und engagierten Einzelpersonen. Die Gründung der Basketball-Bundesliga (BBL) 1966 war ein entscheidender Schritt, der dem Sport Struktur und Sichtbarkeit verlieh. Heute ist die BBL eine der stärksten Ligen in Europa, was den deutschen Basketball attraktiver für in- und ausländische Spieler macht.

#142 DIE ROLLE DER *Sponsoren*

Basketball in Deutschland hat in den letzten Jahren einen deutlichen Aufschwung erlebt, was nicht zuletzt auf die Unterstützung durch Sponsoren zurückzuführen ist. Unternehmen erkennen zunehmend das Potenzial des Sports, um ihre Marken zu bewerben. Die Partnerschaften resultieren in finanziellen Investitionen, die den Vereinen helfen, ihre Infrastruktur zu verbessern, Talente zu fördern und Top-Spieler zu verpflichten. Allerdings besteht die Herausforderung darin, eine Balance zu finden und die Authentizität des Sports zu bewahren. Zu starke Abhängigkeiten von Sponsorengeldern können schnell zu Problemen führen, wenn diese plötzlich wegfallen.

Daher ist es entscheidend, nachhaltige Finanzierungsmodelle zu entwickeln, um die Zukunft des Basketballs in Deutschland zu sichern.

#143 AUF- UND ABSTIEG DER *Nationalmannschaft*

Die deutsche Basketballnationalmannschaft hat im Laufe der Jahre viele Höhen und Tiefen erlebt. Erfolge wie der Gewinn der Europameisterschaft 1993 oder der dritte Platz bei der WM 2002 zeugen von der hohen Qualität des deutschen Basketballs. Doch es gab auch Rückschläge und Phasen der Stagnation, in denen die Mannschaft international nicht konkurrenzfähig war. Der Schlüssel zum nachhaltigen Erfolg liegt in der konsequenten Nachwuchsarbeit und der Förderung junger Talente. Durch die Zusammenarbeit von Vereinen, Verbänden und Schulen können die Strukturen geschaffen werden, die notwendig sind, um Deutschland dauerhaft in der internationalen Basketball-Elite zu etablieren.

#144 DIE ROLLE DER *Fans*

Die Basketball-Community in Deutschland ist

leidenschaftlich und engagiert. Fans unterstützen ihre Teams mit Hingabe, und die Atmosphäre bei den Spielen ist oft elektrisierend. Diese Leidenschaft ist ein wesentlicher Faktor für den Aufstieg des Basketballs in Deutschland. Gleichzeitig stellt die Bindung der Fans an ihre Vereine die Verantwortlichen vor Herausforderungen. Die Erwartungen sind hoch, und bei ausbleibendem Erfolg kann die Stimmung schnell kippen. Um langfristig erfolgreich zu sein, müssen die Vereine eine Kultur schaffen, die die Fans einbindet und ihnen das Gefühl gibt, ein Teil des Erfolgs zu sein. Dies erfordert transparente Kommunikation, Fan-Engagement und eine klare strategische Ausrichtung. So kann der Basketball in Deutschland weiter wachsen und sich dauerhaft in der Sportlandschaft etablieren.

#145 BASKETBALL ALS BILDUNG *und Integration*

Basketball hat in Deutschland nicht nur als Profisport einen Platz gefunden, sondern spielt auch im Bildungsbereich und bei der Integration eine wichtige Rolle. Schulen und Universitäten bieten Programme an, um junge Talente zu fördern. Gleichzeitig dient Basketball als Mittel zur

Integration, indem Menschen unterschiedlicher Herkunft zusammengebracht und Werte wie Teamgeist, Respekt und Disziplin vermittelt werden. Programme, die auf die Integration durch Sport abzielen, haben positive Auswirkungen auf die Gesellschaft gezeigt. Dennoch gibt es Herausforderungen wie den Zugang zu Ressourcen und Trainingseinrichtungen, die angegangen werden müssen, um das volle Potenzial von Basketball als Mittel zur Bildung und Integration auszuschöpfen.

#146 INNOVATION UND *Technologie*

Die Basketballszene in Deutschland hat sich nicht nur durch das Talent auf dem Spielfeld, sondern auch durch den Einsatz von Technologie und Innovation weiterentwickelt. Vereine und Trainer nutzen fortschrittliche Analysetools, um die Leistung der Spieler zu überwachen und individuelle Trainingspläne zu erstellen. Auch in der Übertragung von Spielen werden neue Wege beschritten, um die Fanerfahrung zu verbessern und eine breitere Zuschauerschaft zu erreichen. Die Herausforderung liegt darin, diese Technologien allen Vereinen zugänglich zu machen und gleichzeitig die Authentizität und den Geist des Spiels zu bewahren.

#147 MAXIMILIAN KLEBER
Von Würzburg in die NBA

Maximilian Kleber, geboren in Würzburg, hat es geschafft, sich in die Riege der deutschen NBA-Spieler einzureihen. Nachdem er seine Karriere in Deutschland begonnen und sich dort als vielversprechendes Talent etabliert hatte, wagte er den Sprung über den Atlantik. In der NBA hat er sich als zuverlässiger Spieler bei den Dallas Mavericks bewiesen. Kleber ist bekannt für seine Vielseitigkeit, seine defensiven Fähigkeiten und seine Drei-Punkt-Würfe. Sein Werdegang inspiriert viele junge deutsche Basketballer und zeigt, dass mit harter Arbeit und Entschlossenheit auch Spieler aus Deutschland den Sprung in die stärkste Liga der Welt schaffen können.

#148 DENNIS SCHRÖDER
Der Anführer auf dem Spielfeld

Dennis Schröder, ursprünglich aus Braunschweig, hat sich zu einem der bekanntesten deutschen Basketballer in der NBA entwickelt.

Mit seiner Schnelligkeit, Übersicht und Scoring-Fähigkeit hat er sich als wertvoller Point Guard etabliert. Schröder hat nicht nur in der NBA, sondern auch in der deutschen Nationalmannschaft eine Führungsrolle übernommen und war maßgeblich an vielen Erfolgen beteiligt. Sein Weg von der deutschen Basketball-Bundesliga in die NBA ist ein Beweis für sein Talent und seinen Ehrgeiz und dient vielen jungen Spielern in Deutschland als Inspiration.

#149 DIRK NOWITZKI
Der Pionier

Dirk Nowitzki ist nicht nur der bekannteste deutsche Basketballspieler, sondern auch einer der größten Spieler in der Geschichte der NBA. Geboren in Würzburg, begann seine Karriere in der deutschen Basketball-Bundesliga, bevor er 1998 in die NBA wechselte. Nowitzki verbrachte seine gesamte NBA-Karriere bei den Dallas Mavericks und führte das Team 2011 zu seiner ersten Meisterschaft. Mit seinem einzigartigen Spielstil, seiner Treffsicherheit und seiner Größe revolutionierte er die Position des Power Forwards und wurde zu einem Vorbild für nachfolgende Generationen von Basketballspielern weltweit. Nowitzki ist nicht nur ein hervorragender Spieler, sondern auch für seine Bescheidenheit und sein Engagement in der Gemeinschaft bekannt.

#150 DETLEF SCHREMPF

Der Vielseitige

Detlef Schrempf, geboren in Leverkusen, war einer der ersten deutschen Spieler, die in der NBA Erfolg hatten. Seine Karriere in der NBA dauerte von 1985 bis 2001, und er spielte für mehrere Teams, darunter die Indiana Pacers und die Seattle SuperSonics. Schrempf war bekannt für seine Vielseitigkeit, da er sowohl im Angriff als auch in der Verteidigung stark war. Er wurde dreimal ins NBA All-Star-Team gewählt und zweimal als NBA Sixth Man of the Year ausgezeichnet. Schrempf hat nicht nur auf dem Spielfeld, sondern auch nach seiner Karriere durch sein Engagement für wohltätige Zwecke einen bleibenden Eindruck in der Basketballwelt hinterlassen.

Bonus

Um deine Basketball-Leidenschaft weit über die letzte Seite dieses Buches hinaus zu entfachen, haben wir ein exklusives Arsenal an Ressourcen für dich zusammengestellt:

Meistere den Court: Entdecke eine Auswahl raffinierter Manöver und Tricks, die deine Skills auf ein NBA-würdiges Niveau katapultieren.

Kino im Zeichen des Basketballs: Tauche ein in eine handverlesene Liste mitreißender Filme, die dich in die Tiefen des Spiels entführen und Unterhaltung auf All-Star-Niveau garantieren.

Genieße jede Sekunde dieses Abenteuers – auf und abseits des Courts!

Viel Spaß!

Crossover-Dribbling

Ein schneller Richtungswechsel mit dem Ball von einer Hand zur anderen.

Spin Move

Der Spieler dreht sich mit dem Ball um einen verteidigenden Spieler herum.

Behind-the-Back Dribbling

Dribbeln hinter dem eigenen Rücken, um einen Gegner zu täuschen oder auszuweichen.

Euro Step

Ein Schrittmanöver, bei dem der Spieler seitlich an einem Verteidiger vorbeigeht, oft kombiniert mit einem Lay-up.

Fadeaway

Ein Sprungwurf, bei dem sich der Spieler beim Werfen von dem Korb weglehnt.

Up-and-Under

Ein Post-Move, bei dem der Spieler so tut, als ob er einen Jumpshot macht, dann aber unter dem Verteidiger durch zum Korb zieht.

Step-Back

Ein Move, bei dem der Spieler einen Schritt zurücktritt, um Platz für einen Wurf zu schaffen.

No-Look Pass

Ein Pass, bei dem der Spieler in eine Richtung schaut, den Ball aber in eine andere Richtung wirft.

Alley-Oop

Ein Pass in die Luft nahe dem Korb, den ein Mitspieler im Sprung fängt und in einem Bewegungsablauf in den Korb wirft.

Shammgod

Ein Dribbling-Trick, bei dem der Ball mit einer Hand nach vorne gestoßen und dann mit der anderen Hand schnell wieder gezogen wird.

Pivot

Das Drehen um einen festen Fuß, während der andere Fuß bewegt wird, oft um Platz oder einen besseren Winkel für einen Pass oder Wurf zu schaffen.

Finger Roll

Ein Lay-up, bei dem der Ball mit den Fingerspitzen in einer Rollbewegung über den Rand des Korbs gelegt wird.

Space Jam

Eine beliebte Mischung aus Live-Action und Animation, in der Michael Jordan mit den Looney Tunes spielt.

White Men Can't Jump

Eine Komödie über Straßenbasketball, mit Woody Harrelson und Wesley Snipes.

Coach Carter

Ein Drama basierend auf der wahren Geschichte eines Basketballtrainers, gespielt von Samuel L. Jackson, der seine Spieler zu akademischen Erfolgen anspornt.

Hoosiers (deutscher Titel: Best Shot)

Ein inspirierender Film über ein kleinstädtisches Highschool-Basketballteam.

Love & Basketball

Eine Liebesgeschichte, die sich um zwei leidenschaftliche Basketballspieler dreht.

The Way Back

Ein neuerer Film mit Ben Affleck als ehemaliger Basketballspieler, der als Trainer einer Highschool-Mannschaft seine Erlösung sucht.

Air Up There

Eine Komödie, in der ein Basketballscout nach Afrika reist, um einen talentierten Spieler zu rekrutieren.

Glory Road

Die wahre Geschichte des ersten afroamerikanischen Starting Five in der NCAA College Basketball National Championship.

Finding Forrester

Ein Film über einen jungen Basketballspieler, der eine ungewöhnliche Freundschaft mit einem zurückgezogen lebenden Schriftsteller eingeht.

Thunderstruck

Eine Familie-Komödie, in der Kevin Durant seine Basketballfähigkeiten mit einem unbeholfenen Teenager tauscht.

Sunset Park

Ein Film über eine Highschool-Basketballmannschaft in einem schwierigen Viertel und ihre unkonventionelle Trainerin.

Teen Wolf

Eine übernatürliche Komödie aus den 80ern, in der Michael J. Fox einen Teenager spielt, der herausfindet, dass er ein Werwolf ist, was ihm zu überragenden Basketballfähigkeiten verhilft.

Fakten oder Fiktion

ÜBRIGENS:

JOE FULKS, OFT ALS "VATER DES MODERNEN SPRUNGWURFS" BEZEICHNET, REVOLUTIONIERTE DAS SPIEL IN DEN 1940ERN. VOR IHM SPIELTEN DIE MEISTEN BASKETBALLER ÜBERWIEGEND MIT BEIDHÄNDIGEN WÜRFEN.

Fakten oder Fiktion

Mal sehen, ob du ein/e richtige/r Basketballkenner/in bist, oder ob wir dich aufs Glatteis führen können. Die Lösung findest du auf der Rückseite.

01

Fakt oder Fiktion: Die dreipunktige Linie wurde in der NBA im Jahr 1980 eingeführt.

Fakt oder Fiktion: Die Boston Celtics haben die meisten NBA-Meisterschaften gewonnen.

Fakt oder Fiktion: Die WNBA, die Frauen-Basketballliga in den USA, wurde in den 1980er Jahren gegründet.

LÖSUNG VORHERIGE SEITE

LÖSUNG DRITTE FRAGE

FIKTION. DIE WNBA WURDE 1996 GEGRÜNDET UND DIE ERSTE SAISON FAND 1997 STATT.

LÖSUNG ZWEITE FRAGE

FIKTION. OBWOHL DIE BOSTON CELTICS VIELE MEISTERSCHAFTEN GEWONNEN HABEN, HABEN DIE LOS ANGELES LAKERS EBENFALLS EBENSO VIELE TITEL GEWONNEN (BIS ZU MEINEM LETZTEN UPDATE IM JAHR 2022).

LÖSUNG ERSTE FRAGE

FAKT. DIE DREIPUNKTIGE LINIE WURDE IN DER NBA-SAISON 1979-1980 EINGEFÜHRT.

Fakt oder Fiktion: Dirk Nowitzki ist der bekannteste russische Basketballspieler aller Zeiten.

Fakt oder Fiktion: Kobe Bryant wurde direkt aus der High School in die NBA gedraftet.

Fakt oder Fiktion: Yao Ming, der 2,29 Meter große Center, stammt ursprünglich aus Japan.

LÖSUNG VORHERIGE SEITE

LÖSUNG DRITTE FRAGE

FIKTION. YAO MING KOMMT AUS CHINA.

LÖSUNG ZWEITE FRAGE

FAKT. KOBE WURDE 1996 DIREKT AUS DER LOWER MERION HIGH SCHOOL IN DIE NBA GEDRAFTET.

LÖSUNG ERSTE FRAGE

FIKTION. DIRK NOWITZKI IST EIN BERÜHMTER BASKETBALLSPIELER AUS DEUTSCHLAND, NICHT AUS RUSSLAND.

Fakten oder Fiktion

Tennisbegeisterung: Bevor er sich dem Basketball verschrieb, spielte Nowitzki Tennis und Handball.

03

Fakt oder Fiktion: Die offizielle Höhe eines NBA-Korbes beträgt 3,05 Meter.

Fakt oder Fiktion: Tim Duncan spielte seine gesamte NBA-Karriere bei den San Antonio Spurs.

Fakt oder Fiktion: Scottie Pippen hat mehr NBA-Meisterschaften gewonnen als Larry Bird.

LÖSUNG
VORHERIGE SEITE

LÖSUNG DRITTE FRAGE

FAKT. SCOTTIE PIPPEN GEWANN SECHS MEISTERSCHAFTEN MIT DEN CHICAGO BULLS, WÄHREND LARRY BIRD DREI MIT DEN BOSTON CELTICS GEWANN.

LÖSUNG ZWEITE FRAGE

FAKT. TIM DUNCAN SPIELTE VON 1997 BIS 2016 AUSSCHLIESSLICH FÜR DIE SPURS.

LÖSUNG ERSTE FRAGE

FAKT. DAS IST DIE OFFIZIELLE HÖHE EINES BASKETBALLKORBES.

Fakten oder Fiktion

Wohltätigkeit: Nowitzki hat sich auch außerhalb des Spielfelds einen Namen gemacht, vor allem durch seine Dirk Nowitzki Foundation, die sich für benachteiligte Kinder und Jugendliche einsetzt.

04

Fakt oder Fiktion: Allen Iverson ist bekannt für seinen Ausspruch: "Wir reden über das Training!"

Fakt oder Fiktion: Die Miami Heat haben ihre erste NBA-Meisterschaft in den 1980er Jahren gewonnen.

Fakt oder Fiktion: Reggie Miller ist bekannt für seinen Spitznamen "Magic".

LÖSUNG
VORHERIGE SEITE

LÖSUNG DRITTE FRAGE

FIKTION. REGGIE MILLERS SPITZNAME IST „KILLER MILLER". „MAGIC" IST DER SPITZNAME VON EARVIN JOHNSON JR.

LÖSUNG ZWEITE FRAGE

FIKTION. DIE MIAMI HEAT GEWANNEN IHRE ERSTE NBA-MEISTERSCHAFT 2006.

LÖSUNG ERSTE FRAGE

FAKT. DIESER AUSSPRUCH STAMMT AUS EINER DENKWÜRDIGEN PRESSEKONFERENZ VON ALLEN IVERSON IM JAHR 2002.

F+F

Fakten oder Fiktion

Entdecker: Holger Geschwindner, ein ehemaliger deutscher Basketballnationalspieler, entdeckte Nowitzkis Talent und wurde sein Mentor und Trainer. Die beiden entwickelten ein individuelles Trainingsprogramm, das Dirk's Fähigkeiten perfektionierte.

05

Fakt oder Fiktion: Giannis Antetokounmpo wurde in Griechenland geboren und wuchs dort auf, obwohl seine Wurzeln in Nigeria liegen.

Fakt oder Fiktion: Stephen Curry bereitet seine Schuhe vor jedem Spiel vor, indem er sie mit Curry-Gewürz einreibt.

Fakt oder Fiktion: Manu Ginóbili hat während eines Spiels einmal eine Fledermaus aus der Luft gefangen.

LÖSUNG VORHERIGE SEITE

LÖSUNG DRITTE FRAGE

FAKT. ES GESCHAH WÄHREND EINES SPIELS AM HALLOWEEN-ABEND 2009. DAS UNGLAUBLICHE DARAN IST, DASS ER SIE NICHT VERLETZTE UND SIE NACH DRAUSSEN BRACHTE. EIN ECHTER BATMAN IM BASKETBALL!

LÖSUNG ZWEITE FRAGE

FIKTION. ABER WÜRZIGE MOVES HAT ER DEFINITIV AUF DEM SPIELFELD!

LÖSUNG ERSTE FRAGE

FAKT. GIANNIS WURDE IN ATHEN, GRIECHENLAND, GEBOREN UND HAT NIGERIANISCHE WURZELN.

Fakten oder Fiktion

Musikliebhaber: Nowitzki ist ein großer Musikfan. Er spielt Gitarre und hat oft gesagt, dass Musik eine seiner größten Leidenschaften außerhalb des Basketballs ist.

06

Fakt oder Fiktion: Der kleinste Spieler, der je in der NBA gespielt hat, war Muggsy Bogues mit einer Größe von 1,60 m.

Fakt oder Fiktion: Detlef Schrempf, ein ehemaliger NBA-Spieler, hatte einen Gastauftritt in der TV-Show "Parks and Recreation".

Fakt oder Fiktion: In den 1980er Jahren mussten NBA-Spieler ihre Schuhe während des Spiels mindestens einmal wechseln, um Werbung für verschiedene Marken zu machen.

LÖSUNG VORHERIGE SEITE

LÖSUNG DRITTE FRAGE

FIKTION. ES GAB NIE EINE SOLCHE REGEL

LÖSUNG ZWEITE FRAGE

FIKTION. ABER WÜRZIGE MOVES HAT ER DEFINITIV AUF DEM SPIELFELD!

LÖSUNG ERSTE FRAGE

FAKT. TROTZ SEINER GERINGEN GRÖSSE HATTE MUGGSY BOGUES EINE BEEINDRUCKENDE NBA-KARRIERE UND SPIELTE 14 SAISONS.

Fakten oder Fiktion

Musikliebhaber: Nowitzki ist ein großer Musikfan. Er spielt Gitarre und hat oft gesagt, dass Musik eine seiner größten Leidenschaften außerhalb des Basketballs ist.

07

Fakt oder Fiktion: Larry Bird und Magic Johnson sind Brüder und haben nur unterschiedliche Nachnamen, weil sie bei ihrer Geburt vertauscht wurden.

Fakt oder Fiktion: In den 90er Jahren gab es einen animierten Film, in dem Michael Jordan und die Looney Tunes Basketball gegen Außerirdische spielten.

Fakt oder Fiktion: Dirk Nowitzki, der berühmte deutsche NBA-Spieler, begann seine Karriere als professioneller Tischtennisspieler.

LÖSUNG VORHERIGE SEITE

LÖSUNG DRITTE FRAGE

FIKTION. OBWOHL DIRK VIELE TALENTE HAT, WAR ER NIE EIN PROFESSIONELLER TISCHTENNISSPIELER.

LÖSUNG ZWEITE FRAGE

FAKT. DER FILM HEISST „SPACE JAM“.

LÖSUNG ERSTE FRAGE

FIKTION. LARRY BIRD UND MAGIC JOHNSON SIND KEINE BRÜDER, ABER IHRE RIVALITÄT IN DEN 1980ERN WAR LEGENDÄR.

Fakt oder Fiktion: Shaquille O'Neal hat einst einen Wettbewerb veranstaltet, bei dem Fans für ihn einen neuen Spitznamen finden sollten.

Fakt oder Fiktion: Die NBA plante ursprünglich, Trampoline auf dem Spielfeld zu installieren, um das Dunking zu erleichtern.

Fakt oder Fiktion: Dražen Petrović, ein herausragender kroatischer Basketballspieler, wird oft als "Mozart des Basketballs" bezeichnet.

LÖSUNG VORHERIGE SEITE

LÖSUNG DRITTE FRAGE

FAKT. PETROVIĆ, DER TRAGISCH JUNG VERSTARB, IST ALS EINER DER BESTEN EUROPÄISCHEN BASKETBALLSPIELER ALLER ZEITEN BEKANNT.

LÖSUNG ZWEITE FRAGE

FIKTION. OBWOHL DAS EINE INTERESSANTE VORSTELLUNG WÄRE, HAT DIE NBA NIE SOLCH EINEN PLAN VERFOLGT.

LÖSUNG ERSTE FRAGE

FAKT. SHAQ IST BEKANNT FÜR SEINE ZAHLREICHEN SPITZNAMEN, UND OBWOHL ER VIELE SELBST ERFUNDEN HAT, HAT ER AUCH FANS UM VORSCHLÄGE GEBETEN.

Fakten oder Fiktion

Multilingual: Dirk spricht fließend Deutsch, Englisch und Spanisch.

09

Fakt oder Fiktion: Der älteste professionelle Basketballspieler, der jemals gespielt hat, war Dino Meneghin aus Italien, der mit 45 Jahren seine Karriere beendete.

Fakt oder Fiktion: Spanien gewann 2006 seine erste FIBA Basketball-Weltmeisterschaft.

Fakt oder Fiktion: In der bulgarischen Liga gibt es eine Tradition, dass der Verlierer eines Spiels den Siegern ein lebendes Schaf schenken muss.

LÖSUNG VORHERIGE SEITE

LÖSUNG DRITTE FRAGE

FIKTION. EINE SOLCHE TRADITION EXISTIERT NICHT IM BULGARISCHEN BASKETBALL.

LÖSUNG ZWEITE FRAGE

FAKT. DAS SPANISCHE TEAM BESIEGTE GRIECHENLAND IM FINALE.

LÖSUNG ERSTE FRAGE

FAKT. MENEGHIN IST EINE LEGENDE IM ITALIENISCHEN BASKETBALL.

F+F

Fakten oder Fiktion

Loyalität: Nowitzki hat nie ernsthaft in Erwägung gezogen, die Dallas Mavericks zu verlassen, trotz zahlreicher Angebote von anderen Teams während seiner Karriere.

10

Fakt oder Fiktion: Die EuroLeague wurde ursprünglich als Turnier für Basketballspieler unter 1,70 m gegründet.

Fakt oder Fiktion: Der Eiffelturm in Paris wurde während der Basketball-Weltmeisterschaft 2010 in ein riesiges Basketballnetz verwandelt.

Fakt oder Fiktion: Der FC Barcelona und Real Madrid haben nicht nur im Fußball, sondern auch im Basketball eine intensive Rivalität.

LÖSUNG
VORHERIGE SEITE

LÖSUNG DRITTE FRAGE

FAKT. DIE BEIDEN SPANISCHEN CLUBS KONKURRIEREN REGELMÄSSIG IN DER LIGA ACB UND DER EUROLEAGUE.

LÖSUNG ZWEITE FRAGE

FIKTION. SO KREATIV UND BEEINDRUCKEND DAS AUCH KLINGEN MAG, ES IST NICHT PASSIERT.

LÖSUNG ERSTE FRAGE

FIKTION. DIE GRÖSSE HATTE NIE ETWAS MIT DER GRÜNDUNG DER EUROLEAGUE ZU TUN.

Fakten oder Fiktion

Vaterfreuden: Dirk und seine Frau Jessica haben drei Kinder zusammen.

11

Fakt oder Fiktion: Der "Magic Circle" ist ein renommierter Award im europäischen Basketball.

Fakt oder Fiktion: Es gibt eine Regel in der EuroLeague, die besagt, dass jedes Team mindestens einen Spieler haben muss, der über 2,30 m groß ist.

Fakt oder Fiktion: Behauptung: In einem Spiel der türkischen Basketballliga warf ein Spieler seinen Schuh auf den Basketball, um einen Wurf des Gegners zu blockieren.

LÖSUNG VORHERIGE SEITE

LÖSUNG DRITTE FRAGE

FAKT. DIESER UNGEWÖHNLICHE „BLOCK“ SORGTE FÜR AUFSEHEN UND VIELE LACHER.

LÖSUNG ZWEITE FRAGE

FIKTION. ES GIBT KEINE SOLCHE REGEL BEZÜGLICH DER GRÖSSE DER SPIELER.

LÖSUNG ERSTE FRAGE

FAKT. ES HANDELT SICH UM EINE AUSZEICHNUNG, DIE DEN FÜNF BESTEN JUNGEN SPIELERN IN EUROPA VERLIEHEN WIRD.

Fakten oder Fiktion

Karriereende: Im April 2019 verkündete Nowitzki offiziell seinen Rücktritt vom professionellen Basketball, nachdem er das letzte Heimspiel seiner 21. NBA-Saison beendet hatte.

12

Fakt oder Fiktion: Eine Basketballhalle in Slowenien wurde als "Drakula Arena" bekannt, weil Fledermäuse während eines Spiels die Halle durchflogen.

Fakt oder Fiktion: Ein Spieler der russischen Liga wurde einmal ausgewechselt, weil er während des Spiels angefangen hatte, ein Sandwich zu essen.

Fakt oder Fiktion: Ein serbisches Team veranstaltete einmal ein Basketballspiel bei Kerzenlicht, nachdem die Hallenbeleuchtung ausgefallen war.

LÖSUNG VORHERIGE SEITE

LÖSUNG DRITTE FRAGE

FAKT. EINE ATMOSPHÄRISCHE UND DENKWÜRDIGE PARTIE!

LÖSUNG ZWEITE FRAGE

FAKT. EIN HUNGRIGER MOMENT, DER FÜR LACHER SORGTE.

LÖSUNG ERSTE FRAGE

FAKT. EIN UNGEWÖHNLICHER UND UNERWARTETER „SPIELER" AUF DEM FELD!

Fakten oder Fiktion

Statue: Die Dallas Mavericks haben bekannt gegeben, dass sie zu Ehren von Nowitzki eine Statue vor dem American Airlines Center, ihrer Heimarena, errichten werden.

13

Fakt oder Fiktion: Die finnische Basketballliga hat eine Regel, dass jedes Team während eines Spiels mindestens eine Sauna-Pause einlegen muss.

Fakt oder Fiktion: Ein spanisches Team feierte einmal einen Punktgewinn so heftig, dass der Parkettboden nachgab und ein Loch entstand.

Fakt oder Fiktion: Die italienische Basketballliga wurde wegen ihrer berühmten Pizzapause zur Halbzeit berühmt.

LÖSUNG VORHERIGE SEITE

LÖSUNG DRITTE FRAGE

FIKTION. AUCH WENN PIZZA EIN BELIEBTES ITALIENISCHES GERICHT IST, GIBT ES KEINE PIZZAPAUSE IN DER ITALIENISCHEN BASKETBALLLIGA.

LÖSUNG ZWEITE FRAGE

FAKT. DER ÜBERMÄSSIGE JUBEL FÜHRTE ZU UNERWARTETEN REPARATURARBEITEN!

LÖSUNG ERSTE FRAGE

FIKTION. AUCH WENN DIE FINNEN IHRE SAUNEN LIEBEN, GIBT ES IM BASKETBALL KEINE SAUNA-PAUSEN.

Fakt oder Fiktion: In der Ukraine hat ein Team seine Fans mit Sonnenblumenkernen statt Popcorn versorgt, da es als Glücksbringer gilt.

Fakt oder Fiktion: Ein slowakisches Team stellte einen Weltrekord auf, indem es 24 Stunden lang ununterbrochen Basketball spielte.

Fakt oder Fiktion: Ein Schweizer Team feierte einen Playoff-Sieg mit einem spontanen Fondue-Essen direkt auf dem Spielfeld.

LÖSUNG VORHERIGE SEITE

LÖSUNG DRITTE FRAGE

FAKT. EIN KULINARISCHER SIEG!

LÖSUNG ZWEITE FRAGE

FAKT. ES WAR EIN DENKWÜRDIGER MOMENT UND EINE ECHTE AUSDAUERLEISTUNG!

LÖSUNG ERSTE FRAGE

FAKT. SONNENBLUMENKERNE SIND IN DER UKRAINE SEHR BELIEBT UND WURDEN HIER ALS SNACK UND GLÜCKSBRINGER VERTEILT.

Liebe/r Leser*in,

Während wir nun am Ende unserer gemeinsamen Reise durch die Welt des Basketballs angelangt sind, fühlt es sich an, als wäre das Schlusswort nur eine kurze Pause in einem fortwährenden Spiel.

Unser Ziel war es, das pulsierende Herz des Basketballs zu enthüllen und vielleicht ein kleines Stück der Begeisterung weiterzugeben. Wir hoffen, du hast das Echo dieser Begeisterung in jeder Geschichte gespürt und wurdest inspiriert.

Du hast von Heldentaten auf dem Spielfeld gelesen, von unerwarteten Comebacks und von der unzerbrechlichen Verbindung zwischen Fans und Spielern. Doch hinter jedem Sieg, jeder Niederlage und jedem unvergesslichen Moment steht eine einfache, universelle Wahrheit:
Basketball ist mehr als ein Sport – es ist eine Reise, ein Lehrer und ein treuer Begleiter.

Vor allem aber hoffen wir, dass du dieses Buch mit einem Lächeln zuklappst, mit dem Wissen, dass du Teil einer weltweiten Gemeinschaft bist. Bewahre die Freude am Spiel, den Mut, Risiken einzugehen, und die Weisheit, aus jedem Spielzug zu lernen.

Möge jeder Korb, den du wirfst und jede Geschichte, die du erzählst, von der Liebe zum Basketball zeugen, die uns alle vereint.

Wir wünschen dir mit einem letzten High-Five, alles Gute.

Herzlichst,

Michael Theis &
Nicole Thiedemann

ISBN: 978-3-910893-10-8

Impressum

Michael Theis und Nicole Thiedemann
werden vertreten durch:
Sportsession Publishing

Maria Helene Weidmann
Schwester Emmi Weg 13
22946 Trittau

cleverbooks224@magenta.de

Printed in Poland
by Amazon Fulfillment
Poland Sp. z o.o., Wrocław

28864823R00085